AF286686

GEDICHTE
GEDANKEN
REZEPTE

Für´s Leben und den Herd

Dieses Buch ist Silvia gewidmet.

Eine faszinierende Frau die mich auf ihrer Suche nach Freude inspiriert hat.

GEDICHTE
GEDANKEN
REZEPTE

Für´s Leben und den Herd

©2008 Ernesto Cansado
Email: cansado@cansadoxxx.de
Herstellung und Verlag:
Books on Demand GmbH
Gutenbergring 53
D-22848 Norderstedt
ISBN 978-3-8370-8230-2

Inhaltsverzeichnis:

Inhaltsverzeichnis:

Vorwort:

Liebe Leserin, lieber Leser,

schön dass Sie sich für dieses „etwas andere Rezeptbuch"
entschieden haben.

Es hat mit lieben und leiden zu tun. Das ist ja immerhin
sehr verwandt wenn man im Wort „lieben" das „b" umdreht
und den Rest ein wenig schüttelt, kommt „leiden" dabei
heraus und auch umgekehrt. Auch „leben" ist mit „lieben"
verwandt........nur das „i" wegnehmen.

Wer also liebt, leidet und lebt, der fühlt angenehmes und
Schmerz, riecht köstliches und ekligen Gestank und
schmeckt süß, sauer, bitter, scharf, milde. Also ist essen
wiederum verwandt mit lieben und leiden.

Dies ist ein Rezeptbuch für Alle. Alle die mit allen Sinnen le-
ben und lieben und ihre Lust am guten Geschmack befriedi-
gen oder ihren Leidensfrust betäuben wollen.

Ach ja.... und noch etwas: Ich habe bewusst auf die tollen
Bilder aus den üblichen Kochbüchern verzichtet! Warum?
Erstens macht die Bebilderung das Buch erheblich teurer,
zweitens bekommt man es zu Hause selten so schön hin
und das führt zu Frust (den wir abbauen und nicht fördern
wollen) und schließlich drittens sollen Sie Ihre Fantasie spie-
len lassen und bei gelungenem Ergebnis finden Sie sich
toll.....und wenn´s nicht so schön ist, ist das schließlich
auch kein Manko!

Ein Rezeptbuch für den Kopf und das Herz und letztlich auch
für den Gaumen!

Generelles zu den Rezepten:

Alle meine Rezepte müssen folgende Kriterien erfüllen:

1. Preiswert im Einkauf der Zutaten!
2. Einfach in der Zubereitung!
3. Trotzdem aussehen und schmecken wie vom Sternekoch und schließlich ganz wichtig
4. So vorzubereiten sein, dass Sie nicht die ganze Zeit am Herd stehen müssen, wenn Sie Gäste haben, sondern die Zeit mit Ihren Gästen am Tisch bei einem Gläschen Wein verbringen können und lediglich gelegentlich mal umrühren oder die Temperatur kontrollieren müssen.

Und jetzt viel Spaß beim nachkochen und vor Allem beim Einheimsen von Komplimenten!

Bei fast allen Fleischrezepten habe ich die Originalrezepte (Rindfleisch, Schweinefleisch) mit Putenbrust abgewandelt. Dieses Fleisch ist sehr kalorienarm und reich an wertvollem Eiweiß, zudem auch noch recht preiswert. Wem das zu langweilig ist, kann natürlich die angegebenen Fleischmengen mit dem Fleisch aus den Originalrezepten (jeweils in Klammern angegeben) ersetzen.

Sofern Saucen eingedickt werden müssen, so mache ich grundsätzlich einen Teig aus ca 40 Gramm weicher Butter und ca 40 Gramm Roggen- oder Dinkelmehl. Das Mehl wird mit einer Gabel in einer Tasse mit der Butter zerdrückt und so zu einem kleinen „Butter-Mehl-Kloss) verarbeitet. Ich werde dieses in allen Rezepten als „Mehlkloss" bezeichnen. Wem das zu gesund und aufwändig ist, der kann auch gerne fertige Saucenbinder aus der Chemiefabrik verwenden.

Die angegebenen Mengen sind meistens für ca. 6 bis 8 Portionen angegeben. Warum so viel? Wenn man z. B. Gulasch zubereitet ist der Aufwand für 2 Portionen fast so groß wie für 8. Warum also nicht Sinnvollerweise gleich mehr zubereiten und den Rest einfrieren? Das macht sogar in einem Singlehaushalt Sinn.

Wenn ein Gericht sich nicht zum einfrieren eignet, so habe ich das extra vermerkt und dann sind die Mengen für 2 Personen angegeben.

Diese Rezepte sollen lediglich eine Anleitung für Sie sein, lassen Sie Ihrer Fantasie und Ihren Geschmacksnerven freien Lauf! Aber auch ich denke, erlaubt ist was gefällt. Keine Zeit? Abkürzen! Zu fade? Nachwürzen!

Fortsetzung Generelles zu den Rezepten

Und warum mache ich hier keine Menüvorschläge? Mal ganz ehrlich: Wie oft isst man zuhause schon ein Dreigängemenü? Und wenn es doch einmal für einen festlichen Anlass sein soll, so kombinieren Sie nach Lust und Laune aus meinen Vorschlägen oder servieren zum Schluss eine Eiskrem vom Supermarkt. Vielleicht in einem Rotweinglas wenn Sie keine Desertschalen haben. Auf einen kleinen Teller gestellt mit einer bunten Serviette zwischen Teller und Glas und das sieht aus wie direkt vom Maitre.

Aufgemotzt mit ein wenig Eierlikör oder Cassis und ein paar schnell geriebene Schokostreusel von einer Tafel Bitterschokolade drüber und Sie punkten garantiert.

Auch ein Käsebrett zum Nachtisch mit 3 oder 4 verschiedenen Sorten Käse (allerdings niemals Scheibletten sondern immer am Stück) und ein paar Trauben oder Mangostückchen oder auch Orangen- oder Mandarinenschnitze zur Deko drauf und Sie gelten als Starköchin/Koch!

Liebe ist nur ein Wort

Du sagst Du liebst mich!
Liebst MICH!
Du sagst es weil es gerade mal so in die Stimmung passt?
Liebe im Allgemeinen?
Liebe im Speziellen?
Ohne Wenn und Aber?
Bist Du bereit auf materiellen Erfolg zu verzichten?
Bist Du bereit bei mir einzuschlafen und wieder aufzuwachen
wenn wir uns beide dabei wohl fühlen?
Bist Du bereit auf Sex mit mir zu verzichten wenn die Umstände
das verhindern?
Mit mir gemeinsam zu kochen?
Mit mir gemeinsam zu speisen?
Oder ist für Dich Liebe nur ein Wort?
Kochen ein notwendiges Übel?
Essen nur Nahrungsaufnahme um das Hungergefühl zu verlieren?
Du hast mich nicht verstanden!
Du hast LIEBE nicht verstanden!
Liebe ist für Dich nur ein Wort!

Krabbencocktail in Grapefruit

Zutaten für 2 Personen:
1 ganze Grapefruit für 2 Personen
ca. 80 Gramm Krabben
Ketchup (einfaches ungewürzt)
Fettarme Salatcreme

Vorbereitung Grapefruit:
Sie halbieren eine Grapefruit (mit den gelben wird es etwas säuerlicher, mit der Pink-Grapefruit welche ich bevorzuge wird es etwas süsslicher) und nehmen das Fruchtfleisch mit einem Messer vorsichtig (damit Sie die Schale nicht verletzen) heraus. Am besten geht das natürlich mit einem speziellen Grapefruit-Messer und ziehen dann die verbleibenden Häutchen heraus und werfen diese weg!

Vorbereitung Krabben:
Ich verwende frische oder tief gefrorene Krabben (notfalls gehen auch die aus der Dose aber diese sind oft matschig). Sofern nötig Krabben noch säubern und ca 2 bis 3 Minuten in kochendem Salzwasser blanchieren. Mit kaltem Wasser oder noch besser Eiswasser abschrecken.

Zubereitung Sauce:
Dies ist das mit Abstand simpelste Saucenrezept das ich kenne! Einige Esslöffel Ketchup (nur das einfache, kein Gewürzketchup oder gar Barbecueketchup!) mit der gleichen Menge Mayonnaise oder – was ich inzwischen bevorzuge – fettarme Salatcreme als Mayonnaiseersatz mischen. Mit etwas frisch gemahlenem schwarzen Pfeffer pikant würzen.

Servieren:
In einer Schüssel die Sauce mit den erkalteten Krabben und dem Fruchtfleisch mischen. Alles in die halben Grapefruitschalen geben und mit einem kleinen Petersiliensträußchen dekorieren. Die halben gefüllten Grapefruits auf einem kleinen Teller zusammen mit einem Kaffeelöffel und einer Kuchengabel servieren. Dazu etwas Weißbrot oder Baguette.

Nur gewünschte Menge zubereiten! Reste keinesfalls einfrieren!

Das Gefühl – Liebe ?

Seit Jahrtausenden ein Rätsel
Mystisch? Romantisch? Schmerzhafte Glückseligkeit?
Untersucht nach chemischen, physikalischen, astrologischen
Aspekten.

Behandelt in unzähligen psychologischen Abhandlungen, Lie-
dern, Theaterstücken, Komödien, Dramen
Uralt und immer aktuell, modern, zeitlos.

Warum will JEDER! IMMER! ALLES! ?
Warum will JEDER! IMMER! ALLES! wissen?
Warum will JEDER! IMMER! ALLES! „richtig" machen?

Empfinde jetzt und hier
Ohne das gestern und ohne das morgen
Zeit und Raum ist für die Suchenden.

Wer fühlt braucht weder Kalender noch Uhr.

Minestrone

Zutaten für 8 Portionen:
200 Gramm weiße Bohnen
500 Gramm Kartoffeln
200 Gramm Petersilienwurzel
300 Zucchini
200 Gramm Karotten
150 Gramm Staudensellerie
2 Knoblauchzehen
100 Gramm durchwachsenen Speck
3 Esslöffel Tomatenmark
150 Gramm Porree
200 Gramm Muschelnudeln
150 Gramm Erbsen
1 Bund Petersilie

Vorbereitung:
Zuerst die weißen Bohnen (falls Sie trockene verwenden) über Nacht in kaltem Wasser einweichen. Falls Sie Dosenbohnen verwenden, sparen Sie natürlich das einweichen, allerdings müssen Sie die Dosenflüssigkeit wegschütten. Die restlichen Gemüse waschen und nach Wunsch zerkleinern (Würfel oder Scheibchen), die Kartoffeln schälen und in ca 1 cm große Würfel schneiden, den Knoblauch pressen oder sehr fein zerhacken. Den Speck in kleine Würfel schneiden.

Zubereitung:
Falls Sie getrocknete Bohnen verwenden, diese zuerst in in kaltem Wasser aufsetzen, mit den Bohnen zum kochen bringen und ca. 1 Stunde köcheln lassen. Keinesfalls Salz zugeben, da sonst die Bohnen steinhart bleiben. Falls Sie Dosenbohnen verwenden, können Sie sich diesen Aufwand sparen und gleich zum nächsten Schritt übergehen.
Zuerst den Speck in einem großen Topf auslassen, alles Gemüse zugeben und kurz mitschmoren. Brühe zugeben (Fleischbrühe oder Hühnerbouillon selbst gemacht oder aus der Fertigpackung), Tomatenmark unterrühren und ca 20 Minuten köcheln lassen.
Als vorletztes Erbsen (tief gefroren oder aus der Dose, getrocknete sind nicht empfehlenswert) zugeben, die Suppe nochmals aufkochen lassen und ganz zum Schluss die Muschelnudeln zugeben.

Servieren:
In einen tiefen Suppenteller oder eine Suppentasse füllen und oben auf gehackte Petersilie zur Dekoration schwimmen lassen.

Reste können (ohne Nudeln, die werden matschig) eingefroren werden!

Das Hemd

Du wolltest mich am Abend besuchen
Es war wie immer.

Ich duschte die Last des Tages aus meinen Poren
Es war wie immer.

Ich zog ein frisches Hemd an
Es war wie immer.

Du küsstest mich freundschaftlich flüchtig
Es war wie immer.

Wir aßen und tranken und redeten
Es war wie immer.

Wir küssten uns plötzlich und unerwartet
Mit geöffneten Lippen und voller Leidenschaft
Unsere Seelen berührten ohne Vorwarnung unsere Körper
Und die Körper umschlangen die Seelen
Es war anders als immer.

Mein Hemd nahm Deinen Geruch an
Es ist resistent gegen Schweiß
Resistent gegen mich und Waschmittel und Weichspüler
Das einzige meiner Hemden das jetzt einen Namen trägt
Nichts ist wie immer.

Geräuchertes Forellenfilet
mit Obstmeerrettich
Apfel- oder Himbeermerrettich

Zutaten für 4 Personen:
8 Forellenfilets
4 gehäufte Kaffeelöffel Fertigmeerrettich aus dem Glas oder
2 Kaffelöffel frischen.
Ein halber Apfel oder 4 Esslöffel Himbeeren
100 Gramm Sahne

Vorbereitung Forellenfilet:
Am besten ist natürlich frisch geräuchertes Filet direkt von der Fischzucht, abgepacktes aus dem Supermarkt geht natürlich auch. Ein Filet mit der Hautseite nach unten auf den Servierteller legen, Backofen auf 80 Grad vorheizen und Forellenfilet für ca 10 Minuten in den Backofen stellen (Mikrowelle ist nicht geeignet, da der Fisch austrocknet und zerfällt).

Vorbereitung Meerrettich:
Frischen Meerrettich reiben oder auch aus dem Glas (fertiger Sahnemeerrettich ist nicht so gut geeignet) in eine kleine Schüssel geben und die gleiche Menge geriebener Apfel oder auch frische oder tief gekühlte Himbeeren zugeben. Frische Sahne schlagen und ungezuckert dazu geben und alles gut mischen. Verhältnis ungefähr je ein Drittel Meerrettich Apfel oder Himbeeren und Sahne.

Servieren:
Auf das Fischfilet eine Scheibe Zitrone legen und mit einem kleinen Petersiliensträußchen garnieren, daneben ein Salatblatt legen und den fertigen Meerrettich darauf geben.

Dazu Toastbrot oder Weißbrot oder Baguette servieren.

Fisch und Sauce keinesfalls einfrieren!

Die Droge

Ein klein wenig Morphium – lindert den Schmerz
Mehr davon – macht uns süchtig und abhängig
Zu viel davon – treibt uns in den Tod

Ein klein wenig Angst – ist ein guter Schutz
Mehr davon – lässt uns nicht mehr frei entscheiden
Zu viel davon – treibt uns in den Wahnsinn

Wie willst Du Deine Droge dosieren?

Geräucherter Lachs mit Obstmeerrettich
Apfel- oder Himbeermeerrettich

Zutaten für 4 Personen:
8 Scheiben geräucherten Lachs
Sauce identisch wie Forellenfilet

Vorbereitung Lachs:
Identische Vorbereitung wie beim Forellenfilet

Vorbereitung Meerrettich:
Identisch mit Forellenfilet

Servieren:
Auf das Fischfilet eine Scheibe Zitrone legen und mit einem kleinen Petersiliensträußchen garnieren, daneben ein Salatblatt legen und den fertigen Meerrettich darauf geben.

Dazu Toastbrot oder Weißbrot oder Baguette servieren

Als opulente Vorspeisenvariante kann man natürlich auch **ein Forellenfilet und eine Scheibe Lachs** auf einem Teller servieren und eventuell mit 2 Meerrettichvarianten servieren.

Reste nicht einfrieren!

Der Verstand

Wir nutzen nur 5% unserer Geisteskraft
Also schlummern 95% ungenutzt
Im Unterbewusstsein versteckt
Oder als Erinnerung gärend
Oder einfach brach liegend
Wären wir alle Genies wenn wir 100% nutzten?
Wären wir alle glücklich ob solcher Genialität?

Unsere Körper sind nicht intelligent
Oder doch?
Sie spüren das Glück der Berührung
Ohne Ambivalenz
Körper kennen keine Zweifel
Nur Glück oder Schmerz
Nichts dazwischen

Gäbe es einen Wettbewerb der Intelligenten
Würde der Körper gewinnen.

Königinpastetchen Zürich

Zutaten:
1 Pastchen pro Person
Füllung siehe Rezept „Geschnetzeltes Züricher Art"

Dies ist eine der simpelsten Vorspeisen die es gibt!

Sie kaufen fertige Königinpastetchen!
Nicht einmal Spitzenköche machen sich heute noch die Mühe, diese Pastetchen mühsam mit Blätterteig selbst hoch zu ziehen.

Sie nehmen die Reste des Züricher Geschnetzelten (oder aufgetauter Vorrat) oder machen frisches Geschnetzeltes nach dem Rezept welches Sie unter Hauptspeisen finden.

Sie nehmen die Pastetchen vorsichtig aus der Packung und geben sie auf ein Backblech (Backpapier ist empfehlenswert!) und für ca. 10 Minuten bei 80 Grad in den Backofen.

Nebenbei erhitzen Sie (nicht kochen!) das vorbereitete oder aufgetaute Geschnetzelte, setzen die Pastetchen auf einen kleinen Teller (Desertteller oder Unterteller), füllen vorsichtig das heiße Geschnetzelte ein, Deckel drauf – FERTIG!

Blätterteig nicht einfrieren! Füllung nur dann einfrieren, wenn diese frisch zubereitet worden ist!

Die Zerrissenheit

Dein Körper will von meinen Händen gestreichelt werden

Sie tun es - und Du fühlst Dich von mir bedroht
Sie tun es nicht - und Du fühlst Dich von mir nicht beachtet

Du sagst also meine Hände gehören zu mir
Gehört Dein Körper zu Dir?

Fränkischer Zwiewelblootz
(Fränkischer Zwiebelkuchen)

Für den Teig:
200 g Mehl
20 g Hefe
6-8 Essl. Milch
1 Ei
Salz
40 g Margarine

Für den Belag:
125 g magerer Speck gewürfelt
1500 g Zwiebeln
2-3 Eier
¼ l saure Sahne
Kümmel, Salz und weißer Pfeffer, frisch geriebene Muskatnuss

1) Hefeteig formen und auf einem großen Backblech dünn ausrollen. (Gekaufter Pizzateig geht auch. **TIP:** Der vom Discounter aus dem Kühlregal „PIZZA CASA" ist excellent!)
2) Den gewürfelten Speck anbraten. Die in halbe Ringe geschnittenen Zwiebeln darin weich dünsten.
3) Abkühlen lassen und mit dem Sauerrahm und den Gewürzen vermischen. Alles auf dem Teig verteilen.
4) In der Backröhre bei höchster Stufe (Ober- und Unterhitze) backen, bis der Teigrand schön knusprig braun ist, je nach Ofen 20 bis 35 Minuten.

Wer keinen Speck und Kümmel mag, ohne geht's auch, schmeckt aber dann nicht so herzhaft

Warm servieren, dazu passt am besten ein Fränkischer Federweißer, Suser aus anderen Regionen geht auch, notfalls auch ein trockener Weißer oder Roter.
Mit Federweißen kombiniert ist das allerdings die reinste Medizin und putzt den Magen einschließlich Dick- und Dünndarm komplett durch!

Restlichen Kuchen vorsichtig in Frischhaltefolie wickeln und einfrieren!

Das Lager

Ein Warenlager ist ein hässlicher Ort
Staubig und zugig
Zu kalt oder zu heiß
Voller unansehnlicher Kartons
Und praktischer Verpackungsgeräte.

Und doch ist es voller Anmut
Wenn Du Dich in den Gängen bewegst.

Es gibt keinen hässlichen Ort!

Zu den Beilagen generell:

Hier halte ich es komplett mit Tim Mälzer der einmal einen Riesenskandal unter Sterneköchen entfachte weil er in einer Kochsendung Kartoffelpüree aus der Fertigpackung verwendete mit der Bemerkung „das hat auch seine Daseinsberechtigung auch wenn es nicht so gut schmeckt wie selbst gemachtes".

Also.......nehmen Sie als Beilagen Nudeln, Spaghetti, Spätzle, Schupfnudeln oder auch tief gefrorene Rösti und sonstiges aus dem Supermarkt. Ganz wie es Ihrer Lust und Laune entspricht. Kartoffelknödel aus dem Kühlregal sind heute mindestens genauso gut wie die mühevollst gefertigten aus der Rührschüssel der Großmutter.

Nicht empfehlenswert sind aus geschmacklichen Gründen allerdings Kartoffelknödel aus der Schüttelpackung oder gar Semmelknödel aus der Packung oder dem Netz! Das ist ganz einfach zu weit weg vom wirklich gewünschten Geschmack und auch von der Konsistenz!

Wenn Sie bei einer Futter-Party allerdings gewaltig punkten wollen, dann gebe ich Ihnen hier ein paar einfache Beilagenrezepte für wirklich „selbst gemachtes".

Die Schnecke

Die Schnecke lebt in ihrem Haus
Behütet und sicher
Sie will die Welt erleben
Und wird mutig

Sie verlässt ihr Haus
Geniesst die wärmenden Strahlen der Sonne
Den Wind, der um ihre Fühler weht
Sie lebt und liebt

Bis sie zum Wasser kommt
Und ihr Spiegelbild erspäht
Sie erschrickt und zieht sich in ihr Haus zurück
Welches sie gleichsam zum Schutz und als Ballast auf ihrem
Rücken trägt

Sie verharrt in ihrem Haus
Alleine und ohne Liebe
Aber sicher und wohlbehütet
Geschützt gegen alle Feinde

Sie sehnt sich erneut nach Wärme und Wind
Doch die Angst hält sie in ihrem Haus
Bis sie wächst und die Enge unerträglich wird
Der Schmerz zwingt sie in ein neues Haus

Bist Du stark genug, von selbst Deiner Enge zu entfliehen?
Oder willst Du warten bis der Schmerz Dich zwingt?

SPÄTZLE WEISS schnell und simpel!

Zutaten Grundrezept für 8 Personen:
400 Gramm Mehl (Mischung nach persönlichem Geschmack)
4 Eier
ca. 0,2 bis 0,3 Liter Milch oder Wasser
Salz
Weisser Pfeffer
Muskatnuss

Circa 80 Gramm Mehl pro Person rechnen! Vorzugsweise eine Mischung aus Dinkel-Weizen-Roggenmehl. Das kann man bei z.B. 5 Personen leicht selbst mischen. Nicht empfehlenswert ist hier reines Vollkornroggenmehl weil der Teig zu pappig wird.

Mit Salz, weissem Pfeffer, geriebenem Muskat würzen, je nach Gusto ein paar Tropfen Maggi oder Worcester-Sauce zugeben. Pro 100 g Mehl ein Ei zugeben. Mit dem Mixer in einer Schüssel rühren. Je nach Geschmacksrichtung Milch, fettarme Milch oder Mineralwasser zugeben bis sich ein relativ zäher Teig entwickelt. Das ganze durch ein Spätzlesieb (oder wenn nicht vorhanden durch einen billigen Salatsieb mit großen Löchern mit einem einfachen Kochlöffel treiben) und in kochendes Salzwasser einlaufen lassen.

Nach ca 2 Minuten eine Probe entnehmen und entscheiden ob es „al dente" sein soll oder noch ein wenig weiter kochen lassen. VORSICHT! Kocht leicht über, also nicht den Herd verlassen!

SPÄTZLE ROT   schnell und simpel!

Genau so wie „Spätzle weiss". Lediglich die Flüssigkeit, also Milch oder Wasser mit pürierten Tomaten aus der Packung austauschen.

SPÄTZLE GRÜN schnell und simpel!

Genau so wie „Spätzle weiss". Lediglich die Flüssigkeit, also Milch oder Wasser mit aufgetautem Spinat aus dem Tiefkühlregal austauschen.

Einspruch

Du sagst Du kämst mit leeren Händen
Und hättest nichts zu bieten
Außer Deiner Stille

Einspruch Euer Ehren!
Deine Hände sind nie leer, denn sie fühlen
Deine Stille ist nicht still, denn Deine Augen sprechen

Du hast mehr zu bieten als Du ahnst
Du teilst mit mir Deinen Reichtum
Sehen und spüren

Fortsetzung Spätzle

SPÄTZLE TRICOLORE

Punkten Sie bei Ihren Gästen, indem Sie alle 3 Sorten Spätzle nacheinander machen und die bereits fertigen auf einer Platte mit wenig Butter bei ca 80 Grad im Ofen warmhalten und jeweils die nächste Sorte zugeben. Zum Schluß also anrichten auf einer runden oder ovalen Platte nach dem System r/w/g und das macht ein wunderbares Bild. Oben drauf nach Lust und Laune noch ein wenig Petersilie oder Tomatenwürfel oder Gurkenwürfel oder Kresse und das Ganze ist 5-Sterneküche!

Nicht einfrieren!
Rest in einer Pfanne mit etwas Butter goldgelb braten und erneut als Beilage servieren!

DAS EGO

Von Freud analysiert
Von Esoterikern verdammt
Als schlecht dargestellt

In Wahrheit bin EGO ohne ICH nichts
Es lässt mich lachen, lieben, genießen
Es lässt mich streicheln, zärtlich sein

In Wahrheit bin ICH ohne EGO nichts
Es lässt mich Leid, Trauer und Schmerz empfinden
Menschlich sein und mit Dir fühlen

Richtig dosiert wie eine helfende Arznei
Macht es mich zum meiner selbst
Macht es mich zu Deinem Freund

Falsch dosiert bin ich ein Despot
Ein unausstehlicher Tyrann
Bin ICH nicht EGO

Richtig dosiert lässt es uns lieben
Falsch dosiert lässt es uns nur ficken

EGO ist mein kleiner Zeh
Ebenso wie meine Seele

Ohne EGO bin ich das treibende Blatt auf der Welle
Das Herbstblatt im Wind
Ohne eigenes Zutun davon getrieben

GESTORBEN ohne Wiederkehr

Hast DU auch ein ICH?

Berner Rösti

Zutaten für 8 Personen:

Ca. 500 Gramm erkaltete Pellkartoffeln
Ca. 500 Gramm geschälte rohe Kartoffeln
Ca. 300 Gramm fein gehackte Zwiebel
3 Eier
Salz, weißer Pfeffer, Muskatnuss

Vorbereitung:

Die (unbedingt erkalteten!) gekochten Kartoffeln sowie die geschälten rohen Kartoffeln mit einer Reibe zu groben Streifen reiben (Julienne oder doppelt große Julienne), zusammen mit den Zwiebeln, den Eiern und den Gewürzen in einer Schüssel vorsichtig zu einem lockeren Teig verarbeiten (nicht kneten!).

Zubereitung:

Öl oder Butterschmalz in einer Pfanne erhitzen, Röstiteig einlegen und anfänglich bei mittlerer Hitze mit einem Kochlöffel durcheinander ziehen. Sobald die Zutaten einen bräunliche Färbung annehmen, den Teig vom Pfannenrand her nach innen ziehen und eine Art „superdicken Pfannkuchen" formen. Nach etwa 3 bis 5 Minuten auf den „Pfannkuchen" einen flachen Teller legen (am besten Küchenhandschuhe anziehen, falls etwas Fett auf Ihre Hände tropft) und die Rösti zuerst auf den Teller stülpen und dann wiederum mit dem Teller die andere Seite des Röstikuchens noch einmal in die Pfanne geben und noch einmal ca. 3 bis 5 Minuten backen. Jetzt an den Pfannenrand rundherum noch ein paar kleine Butterflocken geben und einfließen lassen.

Zum Servieren erneut aus der Pfanne auf den Teller stülpen und am Tisch Tortenstücke schneiden und Ihren Gästen auf den Teller geben.

TIP: Der Röstikuchen kann vorbereitet werden und im Backofen bei 80 Grad bis zu 2 Stunden heiß gehalten werden ohne dass er austrocknet!

Nicht einfrieren!
Reste erneut im Backofen bei ca 80 Grad aufwärmen!

Die 14 Monate des Jahres

Januar. Die erste Blume
Weiß. Das Schneeglöckchen. Das freudige Sehen.

Februar. Die erste Farbe
Bunt. Der Krokus. Das fröhliche Sehen.

März. Die farbige Wiese
Knallgelb. Die Schlüsselblume. Das erhabene Sehen.

April. Der Strauß in der Vase
Blau. Weiß. Gelb. Osterglocke, Forsythie.
Das Sehen erleben.

Mai. Der Busch blüht
Weiß. Blau. Flieder. Sehen und riechen.

Juni. Die Früchte reifen
Weiß. Rot. Grün. Erdbeeren und Spargel.
Sehen, riechen und schmecken.

Juli. Das Getreide reift
Goldgelb. Grün. Weizen und Roggen.
Die Essenz des Lebens.

August. Die Beeren sind reif.
Die Farben des Regenbogens.
Sehen, riechen und sinnlich genießen.

September. Der erste Traubensaft
Grau und trüb. Unansehnlich und doch so gehaltvoll. Die Sinne
verwirrt.

Oktober. Der bunte Blätterwald.
Bunt. Bunter. Am Buntesten.
Die Natur erlebt ihren Farborgasmus.

November. Grau und leer.
Der Oktober verlangt seinen Tribut.

Dezember. Weiß und Weiß.
Die Natur schläft.
Die Sinne leben von der Erinnerung.

Januar. Wirst Du wieder das Jahr so erleben?

Februar. Ich warte auf den nächsten Flieder.

Semmelknödel/Speckknödel/Leberknödel

Auch wenn meine Toleranz gegenüber Fertigprodukten aus dem Supermarkt oder gar Discounter sehr groß ist, so habe ich dennoch noch kein einziges Semmelknödelprodukt finden können, welches auch nur annähernd den Begriff „Bayrischer Semmelknödel" führen dürfte.

Deshalb hier ein einfaches und schnelles Rezept für original „Bayrische Semmelknödel" oder „Speckknödel" oder „Leberknödel".

Sie nehmen Brötchen, Weissbrot oder Baguette, welches ca 1 oder 2 Tage alt ist und schneiden es in ca 2cm mal 2cm große Würfel (Trick: Wenn Sie oder Ihr Bäcker kein so genanntes „altbackenes" Weissbrot haben, können Sie auch frisches nehmen und ca für 1 Stunde bei 50 Grad im Backofen „altern" lassen. Dann allerdings unbedingt abkühlen lassen bevor Sie es verarbeiten).

Sie rechnen etwa 40 bis 50 Gramm Trockenbrotgewicht pro Knödel (2-3 Knödel sollten es allerdings schon sein pro Person!) Sofern Sie sich also entscheiden 10 Knödel zu fertigen, nehmen Sie also
***400 bis 500 Gramm trockenes Brot (niemals Schwarz-
    Misch- oder Roggenbrot!),
***ca. 200 bis 250 Gramm fein gehackte Zwiebel. Diese
    dünsten Sie goldgelb in Öl, Butter, Butterschmalz oder was
    immer Ihnen in den Kram passt.
***Separat erhitzen (nicht kochen!) Sie ca. 400 ml Milch
    (Vollmilch oder Magermilch je nach Lust und Laune,
    künftig LL genannt) und mischen das Ganze zu einem
    pappigen Teig. Dieser muss unbedingt abkühlen bevor Sie
***3 bis 4 Eier zugeben und das Ganze zu einem noch
    pappigeren Teig verrühren und geben noch
***reichlich frisch gehackte oder auch getrocknete oder
    gefrorene Petersilie dazu.
***gewürzt wird da Ganze nach LL mit Salz, weißem
    Pfeffer, Muskat und vielleicht einem Schuß Maggi.

Gewalt

Man(n) hat Dir Gewalt angetan
Die Zeit hat die Erinnerung daran verblassen lassen
Die Zeit hat Dich zur schönen Vollblutfrau werden lassen
Die Zeit hat Dich genießen und „Liebe machen" lassen
Die Zeit hat Dich glauben lassen
Die Gewalt sei nur ein trüber Schein in Deiner Erinnerung

Doch plötzlich hast Du wahre Liebe erfahren
Die gewaltige und allmächtige Kraft der Liebe
Die glücklich machende Kraft der Sehnsucht
Die ohnmächtig machende Kraft der Zärtlichkeit
Die betrunken machende Kraft der Sinnlichkeit

Aus der gewaltigen Kraft der Liebe
Sind nur zwei Worte geblieben
Gewalt und Kraft
Gib der Zeit eine Chance
Gib der Liebe eine Chance
Gib Dir selbst eine Chance

Laß´ die Gewalt nicht gewinnen
Laß´ die Gewalt nicht zum Sieger werden
über Deine Hoffnungen, Wünsche und Sehnsüchte
Glaube an die Gewalt der Liebe
niemals an die Gewalt über die Liebe

Fortsetzung Knödel

TIP: Wenn der Teig sich zu nass anfühlt, kann er mit Semmelbrösel „getrocknet" werden!
Den fertigen Teig ungefähr eine Stunde ruhen lassen, bevor Sie die Knödel kochen.
Nehmen Sie einen möglichst großen und hohen Topf und bringen Wasser zum kochen. Einen Teelöffel Salz zum Kochwasser geben und die mit beiden Händen auf ca 10 cm Durchmesser gedrehten Knödel mit einer leichten Drehung in das kochende Wasser einlegen. Wenn alle Knödel im Topf sind warten bis das Wasser wieder kocht und dann ungefähr 2 bis 3 Minuten stark kochen lassen, danach Temperatur herunterdrehen bis das Wasser nur noch leicht siedet, sie sind fertig, wenn alle oben auf dem Wasser schwimmen. Vorsichtshalber einen Testknödel herausnehmen und halbieren. Ist er fertig, sind alle fertig, wenn nicht die beiden Hälften noch mal ins heiße Wasser.

Variante „Speckknödel":

Genau so wie oben, aber beim andünsten der Zwiebel zusätzlich kleine Speckwürfel (ca. 100 Gramm bei 10 Knödel) zugeben!

Variante „Leberknödel":

Genau so wie Semmelknödel, nur nehmen Sie etwas weniger Milch und zusätzlich ca. 400 Gramm durch den Fleischwolf gedrehte Rinder/Schweine- oder Kalbsleber.

Nicht einfrieren!
Optimale Resteverwertung: Knödel in Scheiben schneiden, in einer Pfanne mit etwas Butter goldgelb braten, Sauerkraut dazu. Fertig ist ein komplett neues Gericht.

Regenbogen

Ganz weit draußen
Am anderen Ende des Regenbogens
Werde ich sitzen und auf Dich warten

Und wenn du dann endlich kommst
Werde ich sitzen bleiben mit verschränkten Armen
Um dir nicht zu zeigen
Mit welcher Sehnsucht ich auf dich gewartet habe.

Geschnetzeltes Züricher Art

Zutaten für 8 Portionen:
1 Kilo Putenbrust (original Kalbsbraten, alternativ Schweinelende oder Schweinerücken)
500 Gramm Zwiebeln
0,4 Liter trockener Weißwein
0,4 Liter Bouillon
0,4 Liter süsse Sahne (ungezuckert!) oder Creme fraiche
200 Gramm Karotten
500 Gramm frische Champignons
1 Bund Petersilie
Salz, weißer Pfeffer, Rosenpaprika

Vorbereitung:
Die Putenbrust (oder das andere von Ihnen gewählte Fleisch) in feine Streifen schneiden (ca. 5 mm dick, und 15mm lang und 10 mm hoch).
Die Zwiebel fein hacken, die Karotten würfeln, die Champignons putzen und halbieren oder falls sie recht groß sind in etwa 5 mm dicke Streifen schneiden, Petersilie fein hacken.

Zubereitung:
Zuerst das Fleisch in einer großen Pfanne oder einem Topf in Öl oder Butterschmalz bei starker Hitze andünsten. Wenn es sich schon hellbraun gefärbt hat, mit Salz, Pfeffer und Rosenpaprika abwürzen und dann sofort aus der Pfanne nehmen und beiseite stellen.
Jetzt im selben Topf die Zwiebel und Karotten andünsten bis die Zwiebel schön glasig sind, dann Fleisch und Champignons zugeben und sofort mit dem Weißwein ablöschen und diesen bei mittlerer Hitze etwas einköcheln lassen, jetzt die Sahne oder Creme fraiche zugeben und ebenfalls etwas einköcheln lassen, dabei häufiger umrühren damit sich die Sahne mit dem Rest der Flüssigkeit gut verbindet (nicht kochen, nur leicht köcheln!), jetzt die Bouillon zugeben, noch einmal kurz aufkochen, abschmecken und mit einem Mehlkloss binden.

Beilagen: Reis, Nudeln, Berner Rösti, Weißbrot oder Baguette

Der Rest kann sehr gut eingefroren werden!

Die kleine Rache

Ich komme aus dem Gerichtsgebäude, nachdem der Prozess gegen Helmut (meinem betrügerischen Geschäftspartner der fast 2 Millionen unterschlagen, unser Unternehmen ruiniert und mindestens 50 Familien in den Abgrund getrieben hat) ein weiteres mal vertagt wurde, weil er sich mit einem fingierten Zusammenbruch wieder mal vor der Verantwortung seiner Taten gedrückt hat.

Und da sehe ich sie – eine Politesse die ein Knöllchen schreibt. Ich gehe zu ihr hin und sage „lassen Sie doch bitte mal Gnade vor Recht ergehen Frau Polizeipräsidentin, ich kann doch nichts dazu, wenn der Richter so lange braucht und man deshalb die Parkzeit überziehen muss." Sie reagiert nicht. "Halloooooooooo, sind Sie taub? Ich sagte doch, ich kann nichts dafür". Sie antwortet: „Das ist Ihr Problem, außerdem bin ich nicht bei der Polizei sondern Angestellte der Stadtverwaltung und die Verleihung eines tollen Titels beeindruckt mich nicht und hält mich keinesfalls davon ab, hier einen Strafzettel zu schreiben".

Ich werde wütend über so viel Ignoranz und ganz gegen meine Gewohnheit richtig ausfällig. Nenne sie eine Schlampe und empfehle eine Körperöffnung, in die sie sich das verdammte Knöllchen hineinstecken könnte. Sie reagiert richtig sauer und faselt etwas von Beamtenbeleidigung.

Das treibt mich total auf die Palme. Ich erwähne, dass es mir schon lange stinkt, dass es nur den Begriff der Beamtenbeleidigung im Strafrecht gibt, nicht aber den Begriff der Bürgerbeleidigung. Ich als Bürger fühle mich jedenfalls von dem Anblick einer Knöllchen schreibenden und auch noch potthässlichen und krummbeinigen Politesse beleidigt. Zudem könne sie nicht logisch denken, da sie selbst erwähnt hätte, sie sei Angestellte und keine Beamtin. Nun wird sie richtig ausfallend und ich will ihre Worte nicht wiedergeben, kommentiere das nur noch damit, dass ich sie nunmehr mit dem Titel „Oberprostituierte der Stadtverwaltung" anspreche.

Sie antwortet nur noch wütend „jetzt habe ich genug, ich gehe ins Büro und verfasse die Anzeige gegen Sie, Ihre Autonummer habe ich ja schließlich und kann daher auf Ihre Personalien verzichten".

Ich fühle mich so großartig als wäre der Prozess gewonnen!

Ich war zu Fuß da und kenne das Auto - es gehört Helmut.

Hühnerbrüstchen Marsala

Zutaten für 4 Portionen
4 Hühnerbrüstchen
1 Zwiebel
1 Apfel
1 Becher süße Sahne ungezuckert
1 Schnapsglas voll Cognac oder Calvados
wenig Butter
0,2 Liter Marsala (andere Süßweine sind nicht
empfehlenswert, notfalls noch süßer Sherry)
Salz, weißer Pfeffer, Rosenpaprika
Etwas Mehl zum wenden

Zubereitung:
Die Hühnerbrüstchen mit Pfeffer und Paprika würzen (keinesfalls salzen da sie sonst sehr trocken werden), dann in Mehl wenden. Kurz in Butter beidseitig anbraten (je ca 3 Minuten), aus der Pfanne nehmen und beiseite stellen.
Jetzt in derselben Pfanne (nicht vorher reinigen!) die fein gehackte Zwiebel glasig andünsten und den in feine Würfel (ca 1 cm) geschnittenen Apfel zugeben. Mit Marsala ablöschen und die Sahne zugeben, die Hühnerbrüstchen wieder zugeben und das Fleisch fertig garen. Jetzt erst mit Salz würzen und ggf. noch etwas Pfeffer zugeben. Zum Schluss noch mit Cognac oder Calvados verfeinern und servieren.

Beilagen: Spätzle, Nudeln, Reis oder Rösti

Rest nicht einfrieren!

Silvieta

Du heißt Silvia und ich liebe Dich!
Du bist schön, geistreich, intellektuell, mystisch und amüsant,
kompliziert, unberechenbar und nicht verlässlich!
Eine Frau mit der man keine Schulden machen würde
um ein gemeinsames Haus zu bauen!

Du heißt Marieta und ich liebe Dich!
Du bist schön, verlässlich, unkompliziert und berechenbar!
Eine Frau mit der man Schulden machen würde
um ein gemeinsames Haus zu bauen!
Aber ich vermisse Geist, Intellekt und Amüsement!

Es gibt keine Silvieta!
Ich werde wohl alleine bleiben!

Saltimbocca (Spring in den Mund) weiß

Ob à la Romana oder à la Milanese ist egal. Tatsächlich gibt es vermutlich so viele Saltimbocca-Rezepte wie es kochene Italiener/innen gibt.
Hier habe ich zwei Rezepte ausgewählt, die bei meinen Gästen immer gut ankommen!

Zutaten für 2 Personen:

4 kleine Putenschnitzel (ca. 80 Gramm), original Kalbs-schnitzel, Schwein geht auch.
12 bis 16 frische oder gefrorene Salbeiblätter
4 Scheiben Parmaschinken, Schwarzwälder geht auch
1 Knoblauchzehe
0,2 Liter süße Sahne ungezuckert (nur für Variante weiß)
0,2 Liter pürierte Tomaten (nur für Variante rot)

Fleisch vorbereiten:

4 kleine Putenschnitzel(nur ca. 80 Gramm Gewicht) flach klopfen (Original Kalbsschnitzel, Schweineschnitzel gehen auch), man rechnet 2 Schnitzelchen pro Person. Leicht beidseitig würzen mit Salz und weißem Pfeffer. Jedes Schnitzel mit 3 bis 4 frischen Salbeiblättern belegen (möglichst nur frischen Salbei verwenden, getrockneter geht nur um Notfall, da das Fleisch damit leicht bitter schmeckt) einer Scheibe Parmaschinken (roher Schwarzwälder geht auch, dann aber das Fleisch weniger salzen) und den Schinken mit den zwischen Schinken und Fleisch liegenenden Salbeiblättern gut festklopfen.

Fleisch zubereiten:

Butter in eine Pfanne geben und die Saltimbocca zuerst auf der Schinkenseite kurz (nur ca 2 Minuten) anbraten, dann ebenfalls nur ca 2 Minuten auf der Fleischseite. Fett Fleisch aus der Pfanne nehmen und beiseite legen.

Sauce zubereiten:

Eine Knoblauchzehe fein gehackt in dieselbe Pfanne geben (nicht vorher sauber machen) und mit ca 2 Dezilitern süßer Sahne (ungezuckert!) ablöschen, kurz aufköcheln lassen, Saltimbocca einlegen, nicht mehr kochen sondern nur kurz in der Sauce ziehen lassen – Fertig!.

Beilagen:

Dazu gibt es traditionell Weißbrot oder Ciabatta mit welchem dann auch die Sauce aus dem Teller aufgetunkt wird. Alle Formen von Nudeln oder Rösti gehen natürlich auch!

Die Ambivalenz

Du bist liebenswert auf Deiner Suche nach Freude
Du fängst an zu leben, lachen, genießen.

Zärtliche Hände lassen Deine Sinne erbeben.
In einem nie gekannten Maße.
Die Macht der Freude.

Doch dann die Ambivalanz!
Zuviel der Freude!
Zuviel an Sinnlichkeit!
Es kommt die Angst.
Die Angst vor Nähe!

Besser Stumpfsinn als Intellekt.
Besser Sex als Sinnlichkeit.
Besser Selters als Sekt.
Alle Seelen leiden.
Die Angst hat gesiegt.
Welch mieser Triumph!

Fortsetzung Saltimbocca

Variante Saltimbocca rot:

Völlig identisch mit obigem Rezept, nur nehmen Sie statt der Sahne die gleiche Menge pürierte Tomaten (vom Discounter aus dem Tetra-Pack ist vollkommen ok)

Reste eignen sich nicht zum einfrieren!

15 Tage Sehnsucht Tag 1

Wir waren heute den ganzen Tag zusammen – unterwegs – geschäftlich – geschäftig. Ein erfolgreicher Tag. Ein schöner Tag. Ein guter Tag.

Du warst todmüde. Wolltest nur noch duschen, essen, ruhen. Du stehst nackt unter meiner Dusche. Ich bringe Dir einen Tee, sehe Dich, in all Deiner Nacktheit, all Deiner Schönheit, bin erregt, will Dich umarmen, küssen, verführen. Warum kann ich diesem Impuls nicht folgen?

Wir liegen zusammen auf der Decke, fast nackt. Ich streichle Dich und spüre Ablehnung. Ich streichle Dich weiter, ignoriere Deine Ablehnung und plötzlich zeigst Du mir, dass Du mich willst. Ganz willst. Zum allerersten mal ganz willst.

Tausend mal habe ich mir diesen Moment vorgestellt, erhofft, erwünscht, herbeigesehnt. Der Moment ist da. Ich versage. Zum ersten mal in meinem Leben „stehe" ich nicht, steht er nicht.
Ich höre in Dich. Du bist enttäuscht, verletzt, fühlst Dich nicht begehrt.
Ich höre in mich. Ich bin leer. Meine Gedanken kramen in meinem theoretischen Wissen. Was wäre „normal" gewesen. Nach 2 Jahren Enthaltsamkeit. Zum ersten mal nach Wochen erotischer Hochspannung. Ejaculatio praecox wäre „normal" gewesen.

Oder sonst irgend etwas. Aber gar nichts? Bin ich enttäuscht? Von mir selbst? Oder von Dir? Nein. Nur seltsam leer und hohl.

Du gehst kurz danach. Du bist weit weg von mir. Ich wünschte mir Du wärst geblieben.

Chili con Carne

Zutaten für 12 Portionen:
500 Gramm Putenhackfleisch
500 Gramm Rinderhackfleisch
800 Gramm Zwiebeln
1 große Dose weiße Bohnen
2 kleine Dosen rote Bohnen
1 Dose Maiskörner
0,5 Liter Rotwein
0,5 Liter pürierte Tomaten
0,5 Liter Bouillon
200 Gramm Karotten
2 Knoblauchzehen
3 Döschen oder eine halbe Tube Tomatenmark
Salz, Pfeffer, Rosenpaprika, Chilipulver oder geschrotete Chilikörner

Zubereitung:
Zuerst die Zwiebeln hacken und in einem großen Topf in Öl oder Butterschmalz bei mittlerer Hitze andünsten.
Hackfleisch und in ca ½ cm große Rädchen oder Würfel geschnittene Karotten sowie die gehackten Knoblauchzehen zugeben und mit andünsten und dabei kräftig umrühren. Original ist nur Rinderhackfleisch, ich habe es aber zur Hälfte mit Putenhackfleisch ersetzt (keinerlei Einfluss auf den Geschmack) um Kalorien und Fett zu sparen und gleichzeitig den Eiweißanteil zu erhöhen. Wenn das Fleisch keine rohen Stellen mehr zeigt Rotwein, pürierte Tomaten, Bouillon und die roten und weißen Bohnen aus der Dose mit dem ganzen Inhalt (auch dem Bohnensaft!) zugeben, kurz aufkochen lassen und dann Temperatur so regulieren, dass das ganze nur noch ganz wenig vor sich hinköchelt. Für ca. 2 Stunden köcheln lassen und dabei gelegentlich mit einem Holzlöffel umrühren und darauf achten, dass sich nichts am Boden des Topfes festsetzt. Zum Schluss mit dem Tomatenmark noch etwas mehr eindicken und den Mais zugeben.
Jetzt nach Lust und Laune mehr oder weniger scharf abwürzen
TIP: Ich empfehle nicht zu viel Chili zu nehmen. Nicht jeder mag es sehr scharf. Lieber jeden Gast noch einmal individuell mit Chili nachwürzen lassen.

Beilagen: Reis, Weißbrot oder Baguette

Dieses Gericht eignet sich als Hauptgericht, Vorspeise oder auch als idealer „Mitternachtssnack" bei Parties.

Eignet sich hervorragend zum einfrieren!

15 Tage Sehnsucht Tag 2

Du fährst heute weg. Für fast 4 Wochen. Alleine. Ich bringe Dir noch ein paar Unterlagen. Du bist höflich, lieb, zärtlich und schon fort.
Ich wünschte mir, Du wärst geblieben.

Silvaner-Nudeln vegetarisch (für Laktovegetarier)

Zutaten für 4 Portionen:
500 Gramm grüne Bandnudeln
1 Zwiebel
1 Knoblauchzehe
1 Tomate
1 Becher süße Sahne ungezuckert
wenig Butter
0,25 Liter fränkischen Silvaner (jeder andere trockene Weißwein geht auch)
Salz, weißer Pfeffer,

Zubereitung:
Die Nudeln in Salzwasser kochen und vor dem fertigen Garpunkt also noch bevor sie al dente sind aus dem Kochwasser nehmen und mit kaltem Wasser ablöschen bis sie noch lauwarm sind und nicht mehr kleben.

Die Zwiebel fein hacken und die Tomate ebenfalls in Würfel schneiden. Die Zwiebel zunächst mit der fein gehackten oder gepressten Knoblauchzehe in Butter glasig dünsten, dann Tomatenwürfel zugeben und das Ganze sofort mit dem Silvaner ablöschen, etwas einköcheln lassen, Sahne zugeben und mit Salz und Pfeffer abwürzen.

Falls Ihnen die Sauce zu dünn ist, mit einem Mehlkloss eindicken. Dann Nudeln darunter ziehen und noch ein paar mal schwenken, bis sie wieder heiß und al dente sind und dann servieren.

Silvanernudeln vegetarisch mit Pilzen

Zubereitung genau wie oben, aber mit der Tomate zusätzlich Pilze zugeben (Pfifferlinge sind am köstlichsten dazu, es gehen aber auch Champignons oder jeder andere Pilz Ihrer Wahl)

Silvanernudeln mit Pilzen und Schinkenwürfel

Zubereitung genau wie oben, aber zu den Zwiebeln beim andünsten bereits Schinkenwürfel (ca 1 cm groß) zugeben, gekochter Schinken oder roher oder beides gemischt – wie es Ihnen beliebt.

Reste eignen sich nicht zum einfrieren!

15 Tage Sehnsucht Tag 3

Wieder einmal ein neuer Tag. Nichts ist wie immer. Du riefst mich heute Mittag an. Du fragtest mich – wie es mir ginge. Ich wusste darauf keine Antwort. Nur ein „ich weiß nicht". Tatsächlich weiß ich heute zum ersten mal in meinem über Jahre währenden Leben nicht, wie es mir geht. Ein höfliches „GUT" als Antwort wäre gelogen. Ein jammerndes „SCHLECHT" ebenfalls. Ich habe keine Schmerzen, keinen Stress, meine Arbeit läuft mir sogar sehr zügig von der Hand und dennoch bin ich weder glücklich noch unglücklich, weder schmerzfrei noch schmerzgeplagt.

Ich glaube ich funktioniere heute nur. Ohne Emotion. Ohne Euphorie. Einfach ohne Alles.

Ein riesiger Haufen gähnender Leere. Ohne Hoffnung. Ohne Hoffnungslosigkeit. Nur Vakuum. Meine Gedanken schweifen ständig ab. Sind bei Dir. Ohne Sehnsucht und voller Sehnsucht, ohne Erotik und doch voller Liebe.

Ich möchte Dich in meinen Armen halten und wünschte Dich bei mir.

Gulasch ungarische Art

Zutaten für 6 bis 8 Personen:
1 Kilo Putenbrust (Rinderhüfte, Schweinerücken)
500 bis 800 Gramm Zwiebel
0,25 Liter Rotwein
0,5 Liter pürierte Tomaten
0,25 Liter Bouillon
3 frische Paprikaschoten (je 1 Stück rot, gelb, grün. Das gibt eine tolle Farbe!)

Vorbereiten:
Eine ganze Putenbrust (ca. 1 Kilo) sorgfältig vom Häutchen befreien und in ca 2 x 2 cm große Würfel schneiden (original Rinderhüfte, Schweinerücken geht auch. Sie können auch alle Fleischsorten nach Belieben mischen, aber bedenken Sie, dass Rindfleisch eine längere Garzeit hat, Sie erhalten also dann einen unterschiedlichen „Biß").
Zwiebel fein hacken, Paprika von den Innereien befreien und in Streifen schneiden.

Zubereiten:
Die Fleischwürfel scharf in Öl oder Butterschmalz in einer Pfanne anbraten und kurz vor dem herausnehmen mit ein wenig Salz + weißem Pfeffer – Rosenpaprika würzen.
Fleischwürfel aus der Pfanne nehmen und darin ca 500 bis 800 Gramm fein gehackte Zwiebel glasig andünsten. Dann Fleisch zugeben und das Ganze mit ca. 0,25 l Rotwein ablöschen. Rotwein etwas reduzieren lassen und ½ Liter pürierte Tomaten (gerne aus der Packung) und ein wenig Bouillon (Fertigbouillon tut es absolut) zugeben. Je nach Lust und Laune kann frische Paprika (rot-grün-gelb) zugegeben werden. Die Paprika vorher von den „Innereien" befreien und in Streifen oder grobe Würfel schneiden. Die Paprika keinesfalls von Anfang an zugeben, da sie sonst „matschig" werden.

Jetzt noch nach Ihrem persönlichen Geschmack mit Salz-Pfeffer-Paprika nachwürzen und einen „Mehlkloss" zugeben.

Als Beilagen eignet sich einfach Alles, Reis, Nudel, Spätzle, Knödel und Kartoffeln aller Art.

Rest eignet sich hervorragend zum einfrieren!

15 Tage Sehnsucht Tag 4

Heute bin ich nur müde und abgespannt, obwohl ich nicht so hart gearbeitet habe. Wahrscheinlich spüre ich die Anstrengung Deiner langen Autofahrt auch in meinen Knochen. Ich bin in Sorge. Schnee und schlechte Sicht machen die Fahrerei ganz sicher zu einem Abenteuer und einer Strapaze.

Ich wünschte, ich könnte mit Dir fahren und Dich ein wenig unterstützen.

Gulasch Stroganoff

Nach dem Original „Filetgulasch Stroganoff"

Zutaten für 8 Personen:
1 Kilo Putenbrust (Rinderfilet, Rinderhüfte)
400 Gramm Zwiebeln
200 Gramm braune Champignons
200 Gramm saure Gurken
200 Gramm Karotten
0,4 Liter Rotwein
0,2 Liter Bouillon
0,2 Liter Magermilch-Yoghurt

Eine ganze Putenbrust (ca. 1 Kilo) sorgfältig vom Häutchen befreien und in ca 2 x 0,5 cm große Streifen schneiden (original Rinderfilet, Rinderhüfte ist auch ok wenn sie für ein paar Tage in Öl eingelegt war).
Die Fleischstreifen scharf in Öl oder Butterschmalz in einer Pfanne anbraten und kurz vor dem herausnehmen mit ein wenig Salz + weißem Pfeffer – Rosenpaprika würzen.

Fleischstreifen aus der Pfanne nehmen und darin ca 400 Gramm fein gehackte Zwiebel glasig andünsten. Dann ca 200 Gramm braune Champignons (frisch, notfalls aus dem Glas), ganz mit möglichst kleinen Köpfen, falls zu groß halbieren oder vierteln, damit sie nicht viel größer sind als das Fleisch, 200 Gramm geschnittene Saure Gurken (etwa so groß wie die Fleischstücke), ca. 200 Gramm rohe Karotten (ebenfalls ungefähr so groß wie die Fleischstücke) zugeben und noch ein wenig mitdünsten lassen, wer es gern noch ein wenig saurer und gemüsiger mag kann auch gerne noch 200 Gramm Silberzwiebel oder saure Maiskölbchen zugeben. Dann Fleisch zugeben und das Ganze mit ca. 0,40 l Rotwein ablöschen. Rotwein etwas reduzieren lassen und ein wenig Bouillon (Fertigbouillon tut es absolut) zugeben. Im Originalrezept gibt es jetzt noch ca 0,40 L crème fraiche dazu, ich ersetze diese allerdings mit 0,20 l saurer Sahne und 0,2 l Magermilchjoghurt um Kalorien zu sparen.

Jetzt noch nach Ihrem persönlichen Geschmack mit Salz-Pfeffer-Paprika nachwürzen und einen „Mehlkloss" zugeben.

Als Beilagen eignet sich einfach Alles, Reis, Nudel, Spätzle und Kartoffeln aller Art. Am elegantesten wären natürlich Spätzle Tricolore.

Die Reste können problemlos eingefroren werden!

15 Tage Sehnsucht Tag 5

Heute durchlebe ich eine „kleine emotionale Hölle".

Mein Verstand sagt mir, dass Du Dich logischerweise auf Deine alte Heimat, Deine Eltern und Deine alten Freunde freust. Es ist logisch, dass Du Dich nicht ständig mit mir beschäftigen kannst und willst und dennoch empfinde ich Traurigkeit, Dich nicht „erreichen" zu können. Deine Antennen sind abgeschaltet.
Logisch, sagt der Verstand, traurig, sagt die Seele.

Mein Gefühl Dir gegenüber fängt sich an zu verändern. Es wird nicht stärker (das kann es wohl kaum noch), auch nicht schwächer, es wird anders. Körperlicher. Ich fange an, nicht nur Dich zu vermissen, sondern auch Deine Hände, Deinen Mund, Deinen Geruch, Deinen Geschmack.

Wo wird das Alles noch hin führen?

Rouladen fränkische Art

Zutaten für 8 Portionen:
8 große Putenschnitzel (Rinderrouladen, Schweinerouladen)
2 mittelgroße Zwiebel
4 mittelgroße Essiggurken
1 Bund Petersilie

Fleisch vorbereiten:
Putenschnitzel flach klopfen (Original Rinderrouladen oder Schweinerouladen fertig geschnitten vom Metzger), leicht beidseitig würzen mit Salz, weißem Pfeffer und Rosenpaprika sowie beidseitig mit mittelscharfem Senf(oder auch scharfem wer´s mag) einstreichen.

Füllung vorbereiten:
Für die Füllung nehmen wir reichlich in dünne Streifen (Julienne) geschnittene Zwiebeln und in ebenfalls dünne Streifen (Julienne) geschnittene Essiggurken sowie reichlich gehackte Petersilie (frisch oder gefroren, notfalls auch getrocknet).
Achtung: Sofern Sie sich für die Rindfleischvariante entscheiden, muss unbedingt reichlich in Streifen oder Würfel geschnittener Speck mit in die Füllung, da das Fleisch sonst beim garen sehr zäh wird. Bei der Puten- oder Schweinefleischvariante können Sie sich diese zusätzlichen Kalorien sparen.

Fleisch zubereiten:
Sehr traditionell werden die Rouladen mit Küchengarn umwickelt. Ich verschließe sie allerdings mit Zahnstochern oder Schaschlikspießen (Metall oder Holz) was auch immer gerade da ist.
Öl oder Butterschmalz in eine Pfanne geben und die Rouladen in das heiße fett einlegen und rundum anbraten. Sofern Sie von der Füllung noch übrige Zwiebel, Gurken und Petersilie haben, diese mit andünsten. Sobald das Fleisch rundum angebräunt ist, mit reichlich Rotwein (oder auch Weißwein) ablöschen, etwas Bouillon dazugeben und das Ganze je nach Gusto mit Salz, Pfeffer, Paprika nachwürzen und bei niedriger Temperatur schmoren. Die Rouladen in der Sauce mehrfach wenden. Die Sauce zum Schluss mit einem Mehlkloß binden.
Schmorzeit bei Putenfleisch ca. 30 bis 45 Minuten je nach Dicke der Schnitzel, bei Schweinefleisch ca. 1 Stunde, bei Rinderrouladen ca. 90 Minuten

Beilagen: Nudeln, Spätzle, Reis, Knödel, Pellkartoffel

Reste können sehr gut eingefroren werden!

15 Tage Sehnsucht Tag 6

Es wird immer seltsamer, oder sollte ich besser sagen „ich werde seltsam". Ich glaube mein Unterbewusstsein fängt an, mich zu kontrollieren und nicht mehr ich mein Bewusstsein.

Die Tage in meinem Leben, an welchen ich alleine und ohne Gesellschaft Wein getrunken habe, kann ich an einer Hand abzählen. Und schon gar keinen Roten. Heute ertappe ich mich dabei, mir ein Glas Rotwein eingeschenkt zu haben, ohne es eigentlich zu wollen und bemerke plötzlich, dass ich das schon die ganze Woche tue.

Was geht in mir und mit mir vor? Mein Pragmatismus weicht der Mystik. Oder ordnet sich unter. Hat mein sexuelles „Versagen" auch damit zu tun? Bist Du etwa die „heilige Hure", die ich nicht anfassen darf? Die heilige Hure, die ich nie gesucht habe, an deren Existenz ich auch nicht geglaubt habe! Ich hoffe, ich werde das in den Griff bekommen, sonst werde ich einen Therapeuten konsultieren müssen.

I wish you were here.

Rouladen italienische Art – Involtini

Zutaten für 8 Personen:
8 große Putenschnitzel (Kalbsschnitzel, Schweineschnitzel)
8 Scheiben Parmaschinken (roher Schwarzwälder)
24 frische oder gefrorene Salbeiblätter
8 bis 16 Scheiben Mozzarella
1 große Zwiebel
4 bis 5 Tomaten
1 Knoblauchzehe
0,25 Liter Weißwein
1 Bund Petersilie
wenig Kerbel (ggf. getrocknet)

Fleisch vorbereiten:
Putenschnitzel flach klopfen (Original Kalbsschnitzel, Schweineschnitzel gehen auch), leicht beidseitig würzen mit Salz und weißem Pfeffer. Jedes Schnitzel mit einer Scheibe Parmaschinken (roher Schwarzwälder geht auch, dann aber das Fleisch weniger salzen) sowie 3 Salbeiblättern und je nach Laune 1 bis 2 Scheiben gut abgetropften Mozzarella belegen, wickeln und fixieren wie bei den Rouladen fränkische Art.

Fleisch zubereiten:
Olivenöl in eine Pfanne geben und die Rouladen in das heiße Fett einlegen und rundum anbraten. Fleisch aus der Pfanne nehmen und beiseite legen.

Sauce zubereiten:
Mehrere Schalotten oder eine große Zwiebel fein würfeln und in der Pfanne andünsten, 4 bis 5 Tomaten unter heißem Wasser von der Schale befreien, das Fruchtfleisch würfeln eine Knoblauchzehe hacken und alles mit den Zwiebeln andünsten. Das Fleisch wieder zugeben um mit einem kräftigen Schuss Weißwein ablöschen. Zum Schluss noch gehackte Petersilie und Kerbel zugeben. Mit Salz, Pfeffer, Paprika abschmecken.

Anrichten:
Die Tomatensugo auf Teller geben, jeweils eine Involtini halbieren und auf die Sugo legen.

Beilagen:
Dazu gibt es traditionell Weißbrot oder Ciabatta mit welchem dann auch die Sauce aus dem Teller aufgetunkt wird.

Reste können sehr gut eingefroren werden!

15 Tage Sehnsucht Tag 7

Wäre ich ein Teenager oder würde ich meinen „Zustand" einem oberflächlichen „Freund" berichten, wäre die Antwort ganz sicher, ich sei „grenzenlos verliebt".

Oft genug in meinem Leben war ich verliebt und kenne das Gefühl, wohl wissend, dass mein derzeitiger Zustand absolut nichts, oder zumindest sehr wenig damit zu tun hat.

Ich tue Dinge, die ich noch nie getan habe, z.B. alleine Rotwein trinken und gleichzeitig fallen mir heute ein paar Dinge an mir auf, nämlich Dinge zu unterlassen, die ich sonst immer getan habe, z.B. auf mein allabendliches Wohlfühlvollbad zu verzichten und stattdessen zu duschen oder plötzlich kein Rasierwasser mehr zu benutzen.
All diese Dinge werden mir erst bei längerem Nachdenken bewusst.

Bade ich nicht mehr, weil Du an unserem letzten gemeinsamen Abend nicht gebadet sondern geduscht hast?

Benutze ich kein Eau de Cologne mehr, weil das gleichbedeutend ist mit pheromonähnlichen Duftlockstoffen und ich will nicht mehr locken?

Vielleicht sollte ich einfach die Hinterfragerei sein lassen und – wie früher - alles so nehmen, wie es kommt.

Meine Souveränität ist im Moment jedenfalls komplett dahin, Zweifel quälen mich und ich verspüre erstmals in meinem Leben so etwas wie Angst, Angst es könnte bald zu Ende gehen oder nur eine Illusion gewesen sein.

Ich könnte einen Rat von meiner „guten Freundin" brauchen, die ich im Moment fast noch mehr vermisse wie die schöne erotische Geliebte.

Rouladen griechische Art

Zutaten für 8 Portionen:
8 große Putenschnitzel (Kalbsschnitzel, Schweineschnitzel)
8 Scheiben gekochter oder roher Schinken
300 Gramm Schafskäse (oder Feta aus Kuhmilch)
2 alte Brötchen oder 2 Scheiben altes Weißbrot
1 Zwiebel
1 Knoblauchzehe
0,25 Liter Rotwein
0,25 Liter pürierte Tomaten
wenig Tomatenmark

Fleisch vorbereiten:
Putenschnitzel flach klopfen (Original Kalbsschnitzel, Schweineschnitzel gehen auch), leicht beidseitig würzen mit Salz, weißem Pfeffer und Paprika. Jedes Schnitzel mit einer Scheibe gekochtem oder rohem Schinken belegen sowie mit gewürfeltem oder in Streifen geschnittenem Schafskäse und 1 bis 2 Streifen altem Brot (Sorte ist egal) belegen, wickeln und fixieren wie bei den Rouladen fränkische Art.

Fleisch zubereiten:
Olivenöl in eine Pfanne geben und die Rouladen in das heiße Fett einlegen und rundum anbraten. Fleisch aus der Pfanne nehmen und beiseite legen.

Sauce zubereiten:
Mehrere Schalotten oder eine große Zwiebel fein würfeln und in der Pfanne andünsten, eine Knoblauchzehe hacken und alles mit den Zwiebeln andünsten. Das Fleisch wieder zugeben um mit einem kräftigen Schuss Rotwein ablösen sowie pürierte Tomaten und ein wenig Tomatenmark (zum eindicken) zugeben. Mit Salz, Pfeffer und Paprika abschmecken.

Anrichten:
Die Sauce auf Teller geben, jeweils eine Roulade halbieren und auf die Sauce legen.

Beilagen:
Dazu gibt es traditionell Weißbrot oder Ciabatta mit welchem dann auch die Sauce aus dem Teller aufgetunkt wird, aber auch Reis oder Pellkartoffeln eignen sich als Beilage.

Reste eignen sich sehr gut zum einfrieren!

15 Tage Sehnsucht Tag 8

Heute Abend werde ich mit unseren Mitarbeitern die jährliche Weihnachtsfeier „durchziehen". Dieser Begriff fiel mir seltsamerweise gerade ein, weil auch das neu ist. In der Vergangenheit habe ich mich auf diesen Abend gefreut, es war immer lustig und sehr nett. Heute empfinde ich diesen Abend als lästige Pflicht.

Ich fahre jetzt ja auch für fast 2 Wochen weg und hätte eigentlich noch so viel zu tun. Dinge vorbereiten. Funktionieren! Es gelingt mir nicht. Ich war heute Nacht stundenlang im Internet, in Deiner Heimatstadt. Ich kenne den Namen des Bürgermeisters, habe über die schöne Altstadt gelesen und weiß mit welchen Partnerstädten Deine Stadt freundschaftlich verkehrt und und und...

Kärnten droht! Für einen Menschen, der immer gerne gereist ist, ist alleine der Gedanke an den Kärntenurlaub plötzlich eine Qual. Dringend habe ich Erholung nötig und das tut mir ganz bestimmt gut, sagt der Verstand. Also programmiere Dich auf Erholung, sagt der Verstand.

Wild entschlossen habe ich mir die Strecke von hier zu Deiner Stadt ausgedruckt und beschlossen, am Weihnachtsabend vor Dir zu stehen, mit einem Blumenstrauß in der Hand und zu sagen „ich gehe nie wieder fort und lasse Dich nie wieder gehen". Meine Phantasie malt mir Deine überraschten Augen aus, Deinen stummen Schrei freudigen Entsetzens.

Gerade habe ich den Koffer gepackt und mich zurück auf den Boden der Tatsachen geholt. Ich weiß jetzt nicht so genau, ob mein Verstand oder (m)ein Gefühl mit mir spricht. Jedenfalls sagt mir irgend etwas, dass Du nicht willst, dass ich komme. Daß Du mir irgendwie signalisiert hättest, wenn Du Dir das wünschtest. Daß Du Dich von mir kontrolliert, vereinnahmt, überfallen, bevormundet oder insgesamt eingeengt fühlen würdest. Zerstöret meine Kreise nicht! Dir gehören die Kreise. Ich habe kein Recht, sie zu stören! Der Zauber der Phantasie verfliegt.

Schweinelendchen Provence
Mit frischer heißer Kräuterbutter

Hier geht also wirklich nichts mit Pute. Das müssen Schweinelendchen sein. Man rechnet eine Lende (ca. 400 Gramm) für 2 Personen.

Zutaten für 2 Personen:
1 Schweinelende (ca. 400 Gramm)
reichliche Thymian (frisch oder getrocknet)
reichlich geschmacksneutrales Öl (Raps, Distel, Sonnenblume)
250 Gramm Butter
reichlich Kräuter aller Art (frisch oder getrocknet)
1 Knoblauchzehe
2 Esslöffel Cognac

Das Fleisch vorbereiten:
Das oder auch die Lendchen am Tag vor dem Verzehr oder auch schon ein paar Tage früher vorbereiten. Sorgfältig von allen Häutchen etc, säubern. Das Lendchen großzügig mit Thymian einreiben, keinesfalls weiter würzen und in ein Gefäß (Plastikschale, Weckglas o. ä.) einlegen und mit Öl (Raps, Sonneblume, Distel oder sonst ein geschmacksneutrales Öl, keinesfalls Olivenöl) und komplett mit Öl bedecken, damit keine Luft mehr an das Fleisch kommt. Für mindestens 24 Stunden in den Kühlschrank damit.
TIP: Wer einen Mörser hat, zerkleinert den Thymian, dann zieht der Geschmack tiefer in die Fleischporen und es schmeckt noch besser!

Das Fleisch zubereiten:
Den Backofen auf 180 Grad vorheizen. Das Fleisch aus dem Gefäß nehmen und das Öl abtropfen lassen. Leicht mit Salz, weißem Pfeffer und Rosenpaprika würzen und die Gewürze ein wenig einmassieren. Dann die Lende (sofern Sie mehrere zubereiten jede Lende einzeln!) gut und dicht in Alufolie wickeln und zwar so, dass kein Fleisch mehr durchspitzt. Das Fleisch in die Backröhre schieben sobald der Ofen heiß genug ist und dort für ca 45 Minuten garen.
TIP: Das Fleisch zieht während der Garzeit kräftig Saft. Nehmen Sie jede Lende einzeln aus dem Ofen und halten Sie in der Folie über eine Sauciere oder ähnliches Gefäß und schneiden die Folie an einem Ende mit einer Schere auf und fangen den Fleischsaft auf. Dies ergibt eine wunderbare leichte Sauce und wird weder eingedickt noch nachgewürzt. Schmeckt auch so köstlich!

Immer noch der 8.Tag

Ich werde fahren! Nach Kärnten! Ohne PC, bewaffnet mit Papier um täglich meine Gedanken aufschreiben. Vielleicht werden meine Empfindungen nur geprägt sein von Leere und es wird jeden Tag nur ein unbeschriebenes Blatt dabei herauskommen. Wer weiß? Oder ein gestammeltes „Ich liebe Dich!"

Der Wunsch Dir das zu sagen übermannt mich, doch wäre es gelogen? Geliebt habe ich in der Vergangenheit. Andere Frauen. Meine Empfindung für Dich ist anders. Stärker. Tiefer. Intensiver.

Vielleicht habe ich doch noch nie geliebt und tue das jetzt zum ersten mal?

Ich sollte dem Gefühl doch besser keinen Namen geben.

Liebe ist nur ein Wort!

Ist Liebe nur ein Wort?

15 Tage Sehnsucht Tage 9 bis 13

Tatsächlich ist nichts passiert. Tage voller Leere. Welch ein Unsinn! Unbeschriebene Blätter.

Fortsetzung Lendchen Provence

Heiße Kräuterbutter zubereiten:
Die Garzeit Ihres Fleisches nutzen Sie für die Zubereitung einer einmaligen weiteren Sauce. Sie nehmen eine Packung Butter (250g) und lassen diese langsam in einem Topf flüssig werden. Sobald sie flüssig ist, geben Sie Kräuter nach Lust und Laune (frisch, gefroren, getrocknet) dazu sowie eine frisch gepresste Knoblauchzehe. Hier hört die Toleranz auf! Keinesfalls Knoblauchpulver nehmen, das gibt der Butter einen seifigen Geschmack. Immer wieder mal mit dem Schneebesen umrühren und die Butter zwar heiß aber nicht zu heiß werden lassen (wenn sie zu heiß wird setzt sich das Fett oben ab und es sieht nicht mehr gut aus und schmeckt auch nicht mehr). Kurz vor dem Schluss noch einen kleinen Schluck (nur ungefähr 1 bis 2 Esslöffel voll) Cognac zugeben und nach Lust und Laune mit Salz und weißem Pfeffer abwürzen. FERTIG!

Beilagen nach Lust und Laune! Am besten Spätzle oder gar Spätzle Tricolore!

Fleisch eignet sich nicht, die Butter allerdings sehr gut zum einfrieren!

15 Tage Sehnsucht Tag 14

Heute ist der zweite Weihnachtsfeiertag. Diskutiere mit meiner Reisebegleiterin über unsere gemeinsame geschäftliche und private Entwicklung. Muß mir viele Vorwürfe anhören. Blaffe zurück. Eine von vielen sinnlosen Streitereien. Immerhin gelingt es mir klar zu machen, dass es so nicht weiter gehen wird, ich nicht länger gewillt bin, mir in meinem Privatleben irgendwelche Zwänge auflegen zu lassen.

Hackbraten

Zutaten für 8 Portionen für den Braten:
500 Gramm Putenhackfleisch
500 Gramm Rinderhackfleisch
250 Gramm Zwiebeln
250 Gramm Karotten
250 Gramm frische Paprika gemischt
250 Gramm Semmelbrösel
3 gehäufte Esslöffel scharfen oder mittelscharfen Senf
3 gehäufte Esslöffel Meerrettich aus dem Glas
1 Bund Petersilie
4 Eier
Salz, weißer Pfeffer, Rosenpaprika, Muskatnuss, ein paar Tropfen Maggi-Würze, etwas Kerbel und Majoran
etwas Weizen/Dinkel/Roggenmehl zum wenden

Zutaten für die Sauce:
1 weitere große Karotte oder 2 kleinere für die Sauce zum mitbraten
1 weitere große oder 2 kleinere Zwiebel für die Sauce zum mitbraten
1 Lorbeerblatt
4 Wacholderbeeren
2 Gewürznelken
1 Teelöffel Kümmel
0,5 Liter Bier oder noch besser Dunkelbier/Schwarzbier
0,5 Liter Bouillon

Vorbereitung:
Die Zwiebeln fein hacken, die Karotten in feine Streifen (Julienne oder kleiner) schneiden oder reiben, die Paprika von den Innereien befreien und ebenfalls in feine Streifchen oder Würfelchen schneiden, Petersilie fein hacken und alle Zutaten in eine Schüssel geben und entweder mit einem Rührwerk oder der Hand wirklich gut durchmischen. Nach Geschmack mit Salz, Pfeffer, Paprika, Muskat und Maggi abwürzen. Teig ca. 30 Minuten ruhen lassen.

TIP: Wenn sich der Teig nach 30 Minuten zu feucht anfühlt, noch etwas Semmelbrösel zugeben, falls er zu trocken ist, noch ein Ei und ggf. eine gehackte Zwiebel und etwas Senf zugeben.

15 Tage Sehnsucht Tag 15

Ein denkwürdiger Tag. Ich wache auf und kann kein einziges Wort mehr aussprechen, geschweige denn einen Satz formulieren. Die Versuche enden in kläglichem Stottern. Mein Sprachzentrum ist gestört. Ein Schlaganfall.
Ich verspüre ganz deutlich Angst. Zum ersten mal. Endlich! Ich heiße die Angst willkommen. Meine Seele funktioniert also noch, verschiedene Denkmodule im Hirn offensichtlich auch. Wovor habe ich Angst? Dich nicht mehr schmecken zu können, Dich nicht mehr sehen zu können, Dich nicht mehr riechen zu können, Dich nicht mehr spüren zu können. Die Angst ist mir nicht mehr willkommen. Ich kämpfe gegen sie. Ich streite mit ihr. Ich werfe ihr vor, mir einen Verlust einreden zu wollen. In der Vergangenheit gab es diese Gefühle auch nicht. Ich habe mehr als 50 Jahre gelebt ohne zu wissen, wie Du schmeckst und ohne zu wissen, wie Du Dich anfühlst. Die Angst schlägt zurück. Sie wirft mir Arroganz vor. Die Arroganz, den Beginn der Vergangenheit auf den Tag meiner Geburt fest zu legen.
Sie sagt mir, dass die Vergangenheit nur etwas mit der Sammlung von Erfahrungen zu tun haben darf. Leben und genießen, wünschen und wollen, gewinnen und verlieren aber immer in der Gegenwart statt finden und Angst haben bedeutet immer, etwas zu verlieren was man kennt und nicht etwas nicht zu haben, was man gar nicht gekannt hat, sich vielleicht nur gewünscht hat.
Mir fällt ein Sprichwort ein: „Wenn das Leben Dir Zitronen beschert, mache Limonade daraus."
Die Krankenschwester bringt mir Tee und ein Schlafmittel. Es wird dunkel in mir.
Ein weiteres Stück Vergangenheit ist zu Ende. Der Tee hat nach Zitrone geschmeckt. Die Zukunft kann beginnen.

Hackbraten Fortsetzung

Zubereitung:

Aus dem Teig eine Art „Brotstolle" formen und im Mehl wenden. In einen Bräter oder Römertopf gegeben und oben mit einem scharfen Küchenmesser ein Rautenmuster ca 2 cm tief einschneiden. Die Zwiebel für die Sauce in 4 Teile geschnitten, die Karotten in grobe Stücke geschnitten sowie das Lorbeerblatt, die Wacholderbeeren, den Kümmel und die Gewürznelken neben den Braten legen und in den auf 180 Grad vorgeheizten Backofen geben und zugedeckt (Bräter mit Deckel oder Römertopf mit Deckel oder auch mit Alufolie abgedeckt) ca 45 Minuten braten lassen. Nach 45 Minuten Deckel abnehmen und zunächst mit der Bouillon begießen. Nach weiteren 15 Minuten mit dem Bier begießen und nach weiteren 15 Minuten mit einem Messer oder einer Gabel vorsichtig auf den Braten klopfen. Wenn sich die Oberkante knusprig anhört ist er fertig, falls sich das Alles noch sehr weich anfühlt, auf Oberhitze wechseln und noch ca 5 Minuten mit starker Oberhitze (notfalls Grillfunktion am Backofen) weiter braten.

Anrichten:

Den Braten vorsichtig mit 2 Kellen aus dem Bräter auf eine Platte mit Saftrille legen, die entstandene Bratensauce mit allen Zutaten (Karottenstücken etc.) in eine Schüssel geben und mit einem Pürierstab fein pürieren. Binden ist normalerweise nicht mehr nötig, falls Ihnen die Sauce aber noch zu dünn ist, mit einem Mehlkloss abbinden und danach nochmals kurz aufkochen.
Den Braten in ca. 1,5 cm dicke Scheiben aufschneiden und mit etwas Sauce und den Beilagen servieren.

Beilagen: Reis, Nudeln, Berner Rösti, Kartoffelknödel, Semmelknödel, Salzkartoffel, Pellkartoffel oder auch Kartoffelpüree.

Den übrigen Hackbraten entweder in Scheiben schneiden und mit etwas Sauce portioniert einfrieren, oder kalt mit Bauerbrot und Senf zu einer weiteren Mahlzeit servieren!

La cathédrale engloutie.
Mail an eine „Internetliebe"

Bonjour Angele,

es ist mir ein großes Bedürfnis noch ein paar Gedanken los zu werden. Aber nichts davon ist böse gemeint. Ich mache Dir keinerlei Vorwurf und ich möchte auch keine schulmeisterlichen Ratschläge erteilen.

Du bist mir in dieser kurzen Zeit ans Herz gewachsen und ich möchte einfach nur, dass es Dir gut geht. Zugegeben, ich habe mich ein wenig in Dich verliebt, aber ich bin Pragmatiker genug um zu wissen, dass ich in ein Phantom verliebt bin, in meine eigene Phantasie genau genommen. Denn mehr bist Du nicht. Du existierst doch bis jetzt tatsächlich nur virtuell. Ich habe ein Bild von Dir in meinem Kopf, von dem ich nicht einmal annähernd weiß, ob es der Realität auch nur ein wenig gleicht.

Ich bin aber keinesfalls der Hauptdarsteller dieses Dramas. Man sagt, Erinnerung verblasst. Du bist nicht einmal eine Erinnerung für mich, also wirst auch Du viel schneller verblassen und es wird kein bitterer Nachgeschmack bleiben – was meine eigene und ureigene Empfindung betrifft.

Was Dich angeht, so sieht es ganz anders aus. Du sprichst selbst von der Eigendynamik, welche die Dinge genommen haben. Fakt ist, dass nichts ohne Motivation geschieht. Bewusste oder auch unbewusste Motivation. Wenn auch das schalten Deines Inserats eventuell nur einer spontanen Laune entsprungen ist und der Schriftwechsel mit weiß der Teufel wem und auch mit mir, Dir Spaß gemacht hat und ein wenig Abwechslung gebracht hat, so hat ES Dir doch auf jeden Fall etwas gezeigt, was Du wahrscheinlich von Dir selbst nicht wusstest, nämlich die Fähigkeit, sehr intensive Empfindungen verspüren zu können, nur auf ein geschriebenes Wort hin. Schmetterlinge zu spüren ohne berührt worden zu sein. Ein zärtliches Flüstern im Ohr zu hören, ohne zu wissen, wie angenehm die Stimme des Flüsterers klingt. Zärtliche Spuren auf der Haut zu sehen, ohne gerochen zu haben. Du weißt wahrscheinlich erst jetzt, wie intensiv Du das Alles und Dich selbst erleben könntest, wenn es reale Formen angenommen hätte.

Frikadellen/Buletten/Fleischpflanzl Pur oder „Jäger Art"

Zutaten für die Frikadellen:
500 Gramm Putenhackfleisch (alternativ Schweinhack oder gemischtes Hack)
500 Gramm Rinderhackfleisch
250 Gramm Zwiebeln
250 Gramm Karotten
250 Gramm frische Paprika gemischt
250 Gramm Semmelbrösel
3 gehäufte Esslöffel scharfen oder mittelscharfen Senf
3 gehäufte Esslöffel Meerrettich aus dem Glas
1 Bund Petersilie
4 Eier
Salz, weißer Pfeffer, Rosenpaprika, Muskatnuss, ein paar Tropfen Maggi-Würze, etwas Kerbel und Majoran
etwas Weizen/Dinkel/Roggenmehl zum wenden

Zutaten für die Sauce „Jäger Art":
1 weitere große oder 2 kleinere Zwiebel fein gehackt,
25o Gramm Champignons oder sonstige Pilze (Shiitake, Pfifferlinge etc.) frisch oder aus der Dose
Je eine grüne, rote und gelbe Paprika
1 Teelöffel Kümmel
0,25 Liter Rotwein
0,5 Liter Bouillon

Vorbereitung:
Die Zwiebeln fein hacken, die Karotten in feine Streifen (Julienne oder kleiner) schneiden oder reiben, die Paprika von den Innereien befreien und ebenfalls in feine Streifchen oder Würfelchen schneiden, Petersilie fein hacken und alle Zutaten in eine Schüssel geben und entweder mit einem Rührwerk oder der Hand wirklich gut durchmischen. Nach Geschmack mit Salz, Pfeffer, Paprika, Muskat und Maggi abwürzen. Teig ca. 30 Minuten ruhen lassen.

TIP: Wenn sich der Teig nach 30 Minuten zu feucht anfühlt, noch etwas Semmelbrösel zugeben, falls er zu trocken ist, noch ein Ei und ggf. eine gehackte Zwiebel und etwas Senf zugeben.

Fortsetzung Mail an Angela

Und das ist wunderbar, wenn Du damit umgehen lernst, mit dieser Erfahrung und Dir selbst.
Weniger wunderbar ist, wenn Du in Deinem realen Partner diese Dinge suchst und vermisst. Oder den Partner wechselst und wieder suchst und vermisst.

Die eigentliche Krux an Deiner „unbedachten" Handlungsweise ist, dass Du vermutlich die Sehnsucht nie mehr los werden wirst, die Sehnsucht irgend etwas zu vermissen, etwas nicht erlebt zu haben, was Du hättest erleben können.

Vergiß´ den Gedanken, Dich verlieben zu wollen und erst recht, Dich nicht verlieben zu wollen. Das funktioniert niemals. ES PASSIERT GANZ EINFACH oder ES PASSIERT NICHT! Niemand ist immun dagegen. Man ist weitgehend geschützt, wenn man in einer harmonischen und erfüllenden Partnerschaft lebt, aber keineswegs immun. Dein „Ausbruch" hat ES Dir ganz deutlich gezeigt. Lerne damit umzugehen. Das ist der Rat, den ich Dir „aufdränge".

Als Klavier spielende „Tochter aus gutem Hause" wie Du Dich selbst nennst, hast Du vielleicht auch Noten von Debussy zuhause. Nimm die Cathédrale engloutie. Spiele sie. Verzweifle daran. Übe wieder. Verzweifele wieder. 13 mal. 130mal. 1300 mal.

An dem Tag, an dem Du es schaffst, Dein Klavier wie das dumpfe Läuten versunkener Glocken klingen zu lassen, an diesem Tag ruhst Du zum allerersten male in Deinem Leben in Dir selbst.

Frikadellen Fortsetzung

Zubereitung Fleisch:
Aus dem Teig mehrere runde oder ovale oder flache „schnit-
zelähnliche" Buletten formen, diese kurz im Mehl wenden
und in einer Pfanne in heißem Öl oder Butterschmalz beid-
seitig braten, bis das Fleisch komplett „durch" ist und sich
ein dunkelbraunes „Krüstchen" gebildet hat.

Zubereitung Sauce:
Die fein gehackten Zwiebel glasig andünsten, die von den
Innereien befreiten und in Streifchen geschnittenen Paprika
und die Pilze zugeben, mit dem Rotwein und der Bouillon
ablöschen, nach belieben würzen und mit einem Mehlkloss
eindicken.

Anrichten Variante 1:
Sofort heiß auf einen Teller geben und mit Brot oder
Bratkartoffeln servieren.
Anrichten Variante 2:
Kalt werden lassen und statt Wurst mit deftigem
Bauernbrot und Senf servieren.
Anrichten Variante 3:
Auf Teller geben, mit der Sauce bedecken und Beilagen
nach Wahl dazu geben.

Beilagen: Reis, Nudeln, Berner Rösti, Salzkartoffel, Pellkar-
toffel, Kartoffelpüree oder auch Bratkartoffeln.

**Reste mit Jägersauce einfrieren oder kalt mit Bauern-
brot und Senf servieren!**

Der Weg aus dem Schmerz

Der größte Teil menschlichen Schmerzes ist unnötig. Solange der unbeobachtete Verstand Dein Leben regiert, erschaffst Du den Schmerz selbst.
Der Schmerz, den du jetzt erschaffst, entspringt aus Deiner Ablehnung dessen, was ist, aus Deinem unbewussten Widerstand. Auf der Ebene des Verstandes entspricht Widerstand einer Form von Beurteilung, auf der emotionalen Ebene einer Form von Negativität. Die Intensität des Schmerzes hängt vom Grad des Widerstandes gegenüber dem gegenwärtigen Moment ab, und der wiederum hängt davon ab, wie stark Du mit deinem Verstand identifiziert bist. Der Verstand sucht immer danach, das Jetzt zu vermeiden und ihm zu entkommen. Mit anderen Worten, je mehr Du mit deinem Verstand identifiziert bist, desto mehr leidest Du. Oder Du kannst es auch so ausdrücken: Je mehr Du fähig bist, das Jetzt anzuerkennen und zu akzeptieren, des freier bist Du von Schmerz und Leiden.

Wir brauchen den Verstand und die Zeit um in dieser Welt zu funktionieren, aber es kommt der Punkt, an dem sie von unserem Leben Besitz ergreifen und da beginnt der Schmerz.

Um sicher zu gehen, dass er die Kontrolle behält, ist der Verstand ununterbrochen damit beschäftigt, den gegenwärtigen Moment mit Vergangenheit und Zukunft abzudecken!!! Das lebendige und unendliche kreative Potential des Seins, welches vom Jetzt nicht zu trennen ist, wird genauso von Zeit überdeckt wie Deine wahre Natur vom Verstand. Eine immer schwerer werdende Last von Zeit hat sich in Deinem Verstand angesammelt. Alle Individuen leiden unter dieser Last, aber trotzdem vergrößern sie diese ständig. Das passiert immer, wenn sie den unendlich wertvollen gegenwärtigen Moment ablehnen, ignorieren oder ihn als Mittel missbrauchen, um zu einem zukünftigen Moment zu gelangen, der wiederum nur im Verstand existiert, nie in der Realität. Die Anhäufung von Zeit im kollektiven und individuellen menschlichen Verstand enthält auch eine enorme Menge Restschmerz aus der Vergangenheit.

Palatschinken – Crèpes – Pfannkuchen – Blinis mit Waldbeeren

Zubereitung Grundteig:

250 Gramm Mehl (entweder nur Weizenmehl Typ 405 oder halb Weizen- halb Dinkelmehl)
50 Gramm zerlassene Butter oder auch Öl
200 ml Milch
250 ml Wasser (noch besser sprudelndes Mineralwasser)
2 Eier
1 Prise Salz
Mehl, Salz, Eier und Milch verrühren, nach und nach Wasser und Butter oder Öl zugeben.
Teig mindestens 30 Minuten ruhen lassen.
Pfanne mäßig erhitzen, möglichst flacher Rand ist hilfreich. Pfanne leicht fetten mit wenig Öl, Butterschmalz oder Butter und einen kleinen Schöpflöffel voll mit Teig zugeben, die Pfanne dabei schwenken und den Teig gleichmäßig verteilen. Die Crepes nicht zu dunkel ausbacken. Sobald die Oberfläche trocken aussieht und sich die Teigränder von der Pfanne lösen lassen, Crepes wenden. Während des Backens mehrmals rütteln.
Die Crepes können auf einem Teller aufeinander gelegt werden und kommen zum warm halten in den Backofen bei 80 Grad.

Zubereitung Füllung:

Am besten eignet sich die tief gefrorene Waldbeerenmischung vom Discounter. Je nach gewünschter Menge (ungefähr 4 gehäufte Esslöffel pro Portion) in einen Kochtopf geben und langsam erhitzen. Nach Lust und Laune mit Zucker süßen (um Kalorien zu sparen geht auch flüssiger Süßstoff). Das ganze ist in der alkoholfreien Variante schon fertig.
Besser schmeckt es aber mit einem kleinen Schuss Cognac oder auch Kirschwasser.

Die warmen Crepes auf einen Teller legen, die Waldbeerenmischung mit einem Esslöffel auflegen und verteilen, die Crepes rollen und servieren.
Auf Wunsch obendrauf noch ein Klacks Sahne und mit einer Beere dekorieren!

Das ganze geht auch mit frischen oder gefrorenen Erdbeeren, Himbeeren etc. schmeckt aber dann etwas fad und einseitig.

Fortsetzung Weg aus dem Schmerz

Wenn Du für Dich und Andere keinen Schmerz mehr erschaffen möchtest, wenn Du den Restschmerz aus der Vergangenheit, der immer noch in Dir lebt, nicht mehr vermehren möchtest, dann höre auf, Zeit zu erschaffen oder erschaffe nur so viel wie nötig ist, um mit den praktischen Aspekten des Lebens umzugehen.

Wie hört man auf, Zeit zu erschaffen? Erkenne zutiefst, dass dein ganzes Leben sich ausschließlich im gegenwärtigen Moment abspielt. Stelle das Jetzt ins Zentrum Deines Lebens. Während Du vorher in der Zeit gelebt hast_und dem Jetzt nur kurze Besuche abgestattet hast, verbleibe nun im Jetzt und statte der Vergangenheit und der Zukunft kurze Besuche ab, wenn es nötig ist, mit den praktischen Aspekten des Alltags umzugehen. Sage immer JA zum gegenwärtigen Moment. Was wäre wahnsinniger und sinnloser als inneren Widerstand gegen etwas aufzubauen, das bereits da ist? Was könnte verrückter sein als sich dem Leben selbst entgegenzustellen, obwohl das jetzt da ist und das jetzt immer das jetzt ist. Gib Dich dem hin, was ist. Sage JA zum Leben und beobachte, wie das Leben plötzlich beginnt, für Dich zu arbeiten anstatt gegen Dich.

Fortsetzung Crepes mit Waldbeeren

TIP: Als raffinierte Variante den Pfannkuchen mit ein wenig Magerquark oder gar Mascarpone bestreichen, dann mit den Früchten füllen und rollen. Ihre Gäste applaudieren dem Maitre – garantiert!

Reste eignen sich nicht zum einfrieren!

DIE EINLADUNG von Oriah Mountain Dreamer
Ein Zwiegespräch welches nie stattgefunden hat aber so hätte stattfinden können

O: Es interessiert mich nicht, womit du Dein Geld verdienst. Ich will wissen, wonach Du Dich sehnst und ob Du die Erfüllung Eines Herzenswunsches zu träumen wagst.

E: Ich sehne mich danach, den Zauber des Augenblicks in die Zukunft tragen zu können. Ohne Traum keine Realität. Ich habe den Mut zu träumen.

O: Ich will wissen, ob du es riskierst, Dich zum Narren zu machen, auf der Suche nach Liebe, nach Deinem Traum, nach dem Abenteuer des Lebens.

E: Ein Risiko, welches keines ist, muß ich auch nicht eingehen. Nichts läuft eine gerade Linie, Irrwege sind menschlich und nicht närrisch. Meine Seele lebt. Die andere Seele kann in mir keinen Narren sehen.

O: Es interessiert mich nicht, welche Planeten ein Quadrat zu Deinem Mond bilden. Ich will wissen, ob Du Deinem Leid auf den Grund gegangen bist und ob Dich die Ungerechtigkeiten des Lebens geöffnet haben, oder ob Du Dich klein machst und verschließt, um Dich vor Verletzung zu schützen.

E: Hätte ich es geschafft, immer offen zu sein, wäre ich Gott. Ich mache mich klein und verschließe mich, um mich vor Verletzung zu schützen. Das Wissen darum öffnet mich. Ich sehe die Welt und die andere Seele. Verletzliche Offenheit. Menschliche Offenheit. Weit weg davon und doch nahe der göttlichen Offenheit.

O: Ich will wissen, ob Du den Schmerz – meinen oder Deinen eigenen – ertragen kannst, ohne ihn zu verstehen, zu bemänteln, oder zu lindern.

E: Einen Schmerz nicht zu verstehen – Deinen oder meinen eigenen – heißt ihn ertragen zu müssen und damit auch zu können. Oftmals ist das nicht verstehen der Schmerz selbst.
Akzeptanz und annehmen des Schmerzes ist Linderung.

Apfelcrepes mit Calvados

Zubereitung Grundteig:
Identisch mit Palatschinken Waldbeeren

Vorbereitung Füllung:
Apfel waschen, entkernen und in 8 Filets zerlegen. Man rechnet ungefähr die Menge eines mittelgroßen Apfels pro Portion. Die einzelnen Filets in ungefähr 1 cm große Stücke schneiden und sofort mit Zitronensaft beträufeln, damit die Stücke nicht braun werden Raffinierter wird's wenn Sie die Filets am Tag vorher in Calvados einlegen.

Zubereitung Füllung:
50 bis 100 Gramm Zucker, je nach gewünschter Menge in wenig Butter in der Pfanne karamellisieren lassen, je nach Süße oder Säure der Äpfel die Zuckermenge variieren, die Apfelstück zugeben und sofort mit Calvados ablöschen, eine kräftige Prise Zimt zugeben und zusammen heiß werden lassen bis es ganz wenig köchelt.
Falls die Sauce recht dick ist, kann sie mit Apfelsaft noch ein wenig verdünnt werden.
Noch raffinierter wird's wenn Sie die Äpfel mit Rosinen mischen, die Sie vorher mindestens 24 Stunden in Calvados eingelegt haben.

TIP: Sollten Sie unbedingt eine alkoholfreie Variante wünschen, lässt sich Calvados auch komplett mit Apfelsaft ersetzen. Schmeckt allerdings nicht mehr so richtig und ist eigentlich nur etwas für Kinder.

Dann wie bei den Waldbeeren-Crepes die Orangenfüllung auf die Pfannkuchen geben (die Quarkvariante ist hier nicht empfehlenswert, das wird in Kombination mit den Äpfel und dem Zimt etwas bitter), rollen und servieren. Ggf. mit Sahne oder einer Kugel Vanilleeis und ein paar Rosinen dekorieren.

Reste eignen sich nicht zum einfrieren!

Fortsetzung Zwiegespräch mit O. M. Dreamer

O: Ich will wissen, ob Du Freude – meine und Deine eigene – aushalten kannst, Dich hemmungslos dem Tanz hingeben und jede Faser Deines Körpers von Ekstase erbeben lassen kannst, ohne an Vorsicht oder Vernunft zu appellieren, oder and die Begrenztheit des Menschseins zu denken.

E: Wenn ich mich in meiner verrückten Entzückung nicht als Narr sehen kann und mich die andere Seele ebenfalls nicht als Narr sehen kann, gibt es keinen Grund nicht vor Ekstase zu erbeben. Alle Grenzen sind aufgehoben. Die Ekstase kommt ohne zutun. Ohne Willen und ohne Verstand.

O: Ich will wissen, ob Du andere enttäuschen kannst, um Dir selber treu zu bleiben, ob Du den Vorwurf des Verrats ertragen kannst, um Deine eigene Seele nicht zu verraten, ob Du treulos sein kannst, um vertrauenswürdig zu bleiben.

E: Mir selbst die Treue zu halten, hat schon manch andere enttäuscht. Den Vorwurf des Verrats wird die andere Seele mir niemals machen, weil sie erkennt, dass ich meine eigene Seele nicht verraten habe. Wenn die andere Seele mir vertraut, wird sie mein handeln niemals als Treulosigkeit empfinden können.

O: Ich will wissen, ob Du die Schönheit des Alltäglichen erkennen kannst, selbst wenn sie Dir nicht immer angenehm ist und ob ihre Allgegenwärtigkeit die Quelle ist, aus der Du die Kraft zum Leben schöpfst.

E: Die Erkenntnis der Schönheit der Seele, der eigenen und der Deinen, ist von einer urgewaltigen Kraft, erschreckend und schön zugleich. Diese urgewaltige Kraft macht müde und schlaff. Die Ermattung und der Schlaf regenerieren meine Kraft. Das Leben ist Tag und Nacht. Das Universum kennt Geschäftigkeit und Schlaf. Mein Geist ist rege und müde. Mein Körper ist stark und schwach. Nur meine Seele schläft nie.

O: Ich will wissen, ob Du mit Unzulänglichkeit leben kannst – meiner und Deiner eigenen – und immer noch am Seeufer stehst und der silbrigen Scheibe des Vollmondes ein uneingeschränktes „JA" zurufst.

Crèpes Suzette

Zubereitung Grundteig:
Identisch mit Palatschinken Waldbeeren

Vorbereitung Füllung:
Orangen sauber schälen, vom weißen Häutchen komplett befreien und in einzelne Filets zerlegen. Man rechnet unge- fähr die Menge einer halben Orange pro Portion. Raffinierter wird's wenn Sie die Filets am Tag vorher in Cognac einle- gen.

Zubereitung Füllung:
50 bis 100 Gramm Zucker, je nach gewünschter Menge in wenig Butter in der Pfanne karamellisieren lassen, die Oran- genfilets zugeben und sofort mit Cognac und Orangenlikör (Grand Marnier, Cointreau oder ähnliches) ablöschen und zusammen heiß werden lassen bis es ganz wenig köchelt.
Falls die Sauce recht dick ist, kann sie mit Orangensaft noch ein wenig verdünnt werden.

TIP: Sollten Sie unbedingt eine alkoholfreie Variante wün- schen, lässt sich Cognac und Likör auch komplett mit Oran- gensaft ersetzen. Schmeckt allerdings nicht mehr so richtig und ist eigentlich nur etwas für Kinder.

Dann wie bei den Waldbeeren-Crepes die Orangenfüllung auf die Pfannkuchen geben (die Quarkvariante ist hier nicht empfehlenswert, das wird in Kombination mit den Orangen etwas bitter), rollen und servieren. Ggf. mit Sahne oder ei- ner Kugel Vanilleeis und einem Orangenfilet dekorieren.

Reste eignen sich nicht zum einfrieren!

Fortsetzung Zwiegespräch mit O. M.
Dreamer

E: Unzulänglichkeit ist ein Wort aus der Sprache der Erziehung und bedeutet eine Abweichung von der Norm. Länge ist ein menschliches Maß, Unzulänglichkeit die un zu reichende Länge. Wer macht dieses Gesetz? Wer gibt die Länge vor und wer bewertet die un zu reichende Länge? Du kommst zu spät zum Essen. Ich koche deshalb später. Und die Unlänge ist schon wieder eine Länge. Der Mond ist deshalb noch immer da. Das Universum kennt kein Längenmaß. Die Seele auch nicht. Die Seele ist der Zwilling des Universums.

O: Ich will wissen, ob Du nach einer kummervoll durchwachten Nacht, zermürbt und müde bis auf die Knochen, aufstehen kannst, um das Notwendige zu tun, damit Deine Kinder versorgt sind.

E: Schutzbedürftige und Kinder kennen keine Gnade. Der „Schützende" sollte seine zu spendende Energie auch nicht als „gnädige Gabe" sehen sondern als Erfüllung seiner Verantwortung.

O: Es interessiert mich nicht, wen Du kennst, oder wie Du hierher gekommen bist. Ich will wissen, ob Du inmitten des Feuers bei mir ausharren wirst, ohne zurück zu weichen.

E: Ich werde versuchen zu verhindern, dass Du in ein Feuer gerätst. Wenn Du dennoch dort bist, werde ich Dich herausholen. Ich werde niemals zulassen, dass Du verbrennst.

O: Es interessiert mich nicht, wo oder was Du mit wem studiert hast. Ich will wissen, was Dich von innen heraus trägt, wenn alles andere wegbricht. Ich will wissen, ob Du mit Dir selbst allein sein kannst und ob Du den, der Dir in solch einsamen Momenten Deines Lebens Gesellschaft leistet, wirklich magst.

E: Was mich trägt ist die Kraft der Phantasie, die Fähigkeit bewusst zu träumen und an der Erfüllung meiner Wünsche und Träume zu arbeiten. Ja, ich kann sehr gut alleine sein. Deshalb bin ich aber keinesfalls einsam und der, der in solchen Momenten mit mir ist, ist nicht immer der gleiche. Mal mag ich ihn, mal mag ich ihn nicht. Mein Traum erlaubt mir aber auch, nicht nur mich selbst, sondern Deine Seele bei mir zu haben und deshalb bin ich selten allein und niemals einsam.

Schoko-Ananas-Pudding
Einfacher, schneller, billiger und respektabler geht´s kaum noch

Zutaten:
3 Päcken Schokopudding
1 frische Ananas
1 Liter fettarme Milch
ca 2 dl Ananassaft (notfalls auch Orangensaft)
Etwas Bitterschokolade (Kuvertüre oder Tafelschokolade grob hobeln)

Vorbereitung:
Die Ananas von der Schale und dem harten ungenießbaren Mittelteil befreien. Sofern Sie öfter mit frischen Ananas arbeiten wollen, empfiehlt sich die Anschaffung eines Ananasschälers der diese Aufgaben mit einem Schlag erledigt. Den gibt's in jedem guten Supermarkt für ca 3 Euro.
Das Ananasfleisch in ca 1 cm große Würfel schneiden und in eine Schüssel geben.

Zubereitung:
Die 3 Päckchen Schokopudding in dem Saft mit einem Schneebesen gut aufrühren. Die Milch kurz aufkochen lassen und das im Saft aufgelöste Puddingpulver unterrühren. Noch einmal sehr kurz zusammen aufköcheln lassen und die heisse Puddingmasse sofort über die Ananasstücke schütten. Ca 10 Minuten warten, bis die Masse nicht mehr kochend heiß ist und die vorbereiteten Schokosraspel unterrühren. Fertig! Irgendwo an einem kühlen Ort zunächst abkühlen lassen später im Kühlschrank aufbewahren.

Variante: Man kann auch noch zusätzlich Mandelsplitter, Walnussstückchen oder andere Arten von gehackten (nicht gemahlenen!) Nüssen mit unterziehen.

Für ganz Faule: Statt der frischen Ananas gehen auch Ananasstücke aus der Dose. Dann nehmen Sie ganz einfach den Dosensaft zum anrühren des Puddingpulvers.

Servieren: Den Pudding in Desertschälchen anrichten, einen Klacks Sahne drauf und oben auf noch ein Ananasstückchen oder etwas geraspelte Schokolade.

Das Desert Furioso ist fertig und Ihre süssen Schleckermäuler werden nicht genug davon bekommen können.
Reste eignen sich nicht zum einfrieren!